Word Search for Kids Ages

This book belongs to:

_____

Thank you for choosing our word search book. It's great that you like word search books as much as we do! These activities offer hours of fun and are a great way to improve your focus and concentration.

There are all kinds of activities. In this book, we've organized it from easy to hard difficulty levels!

Once you complete the book, there will be a certificate of completion waiting for you as your reward.

Have fun and enjoy!

Copyright © 2021 by The Infinite Kids Press. All rights reserved. No part of this publication may be reproduced, distributed, or transmitted in any form or by any means, including photocopying, recording, or other electronic or mechanical methods, without the prior written permission of the publisher, except in the case of brief quotations embodied in critical reviews and certain other noncommercial uses permitted by copyright law.

Level 1

Let's start! In this level, you will find easy mode puzzles.

Ready? Let's go!

Valentine's Day

```
M K W J L J X V S E C X U
S E O A Y J R D M U V S P
J E C Q D C R D R W F T P
R E L M S A H S A E T R A
T R O P C Z I K N I P A Y
G N F D U V S R E T T E L
R X C I E O C A N D Y H Q
H O K A Y M C T K P K Q F
E Y S R L M B G E G I Z N
R P R E F Q Y L L Y U V B
H E Q U S U A J O Z G R N
M J X I U M L F V Y U Q O
E L R O G L Q L E R C B A
```

HEARTS CURSIVE
LOVE   LETTERS
CARDS   ROSES
CANDY   COUPLES
LACE   PINK

Eating Apples

```
I J C A D V I V I E V V Y
J F R B R S R F L J Q E B
U Y I Z A B A B M L Y S L
F K S O H S M G R A N N Y
T R P S C U K J S M E T S
N R V M R T U E K O I G X
D R A C O I F H T N F V X
M C C T C Y G G G O E J W
G R M Y W H Q N Y R Z O F
D D O A O K H H M Z S R P
X Q F E M I I N Q I U V R
M M M W M G O L M S O J Y M
G J K Y O G K I S O G T P
```

TART
CRISP
JUICY
FUJI
GRANNY

SOUR
ORCHARD
BASKET
CRUMBLE
STEMS

In The Winter

```
S J A Y T E W S C L Y Z S
R N C H L T N V O S I W L
X V O C G O T S L N R S U
Z C I W W J C P D O X N Q
E C F S F A R D E W T E L
I W H F R L W E R B M T V
F O K F O S A M T O C T B
E S K I I N G K R A M I N
E C I T S L O S E R E M W
H T T G E I N Q I D I W J
V M R H R R H G M E I P S
D Q Y X F O U T P T K L Z
K L Z Y B C J C E E Z P Q
```

SNOWFLAKE   SWEATER
SNOWSHOE   SCARF
ICICLE   MITTENS
SKIING   SOLSTICE
SNOWBOARD   COLDER

Superheroes

```
T Y G T W U N M R F B E J
H E T D V I M T E U K L R
G V P R G U B E L B G B S
I Z Y I V E S L M B D I T
L A R C Y J E X W L U S R
F O E Y C T Q M N G A I E
R E W O P R E P U S H N N
O N J R D O D V Y T T N G
V L O L R C R W C E S I T
X O T E L E P A T H Y O H
F Y T I T N E D I E R F C
S F J Q Y I X S Z I R S X
S P E E D A L V G A N X H
```

SUPERPOWER INVISIBLE
FLIGHT TELEPATHY
STRENGTH ORIGIN
SPEED IDENTITY
BULLETPROOF COSTUME

Under My Skin

```
O P Y A D Q Y Y A N G H A
Y N S R T D A F C A M E C
W B L A D D E R L W G A O
K T L Z E K C L N L A R O
P K E K K R B X W P S T D
E A O Q Y L C H D C Y A F
J N L R A U C N O O E Q K
M P I D G A A L A T N F Q
U L D A M A U N R P D W N
E E D O R N N R E V I L Q
R G T I G B Z S G B K J T
R S A S X D W K Y O D M Q
E N I T S E T N I I R N T
```

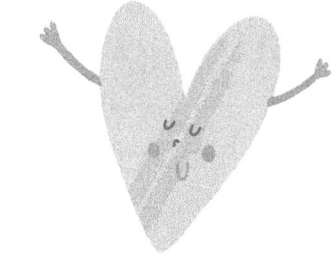

ORGANS   GALLBLADDER   STOMACH
HEART   KIDNEYS   BLADDER
LUNGS   INTESTINE   PANCREAS
LIVER   BRAIN

Let's Play Football

```
J Y W R E F E R E E H D D G
K D B R W O K Y O J U R L L
M C U E Z O C Z I E D A E K
C K A E C Y G T L U D U I N
S C E B S L S G T X L G F F
X W C P R O G A Z W E I N J
N O I T P E C R E T N I W Y
C M H L Q K T F C S N H O C
J D A A L S A R F T D J D W
Q O V E N I P T A T C R F T
G T I S K D I J V U Y O A I
E L B M U F O F D U Q O V Y
Z N E R I Z I F Q P C O R G
R D Y R A O T J F X J H J M
```

YARDS HUDDLE FUMBLE
REFEREE GOALPOST HANDOFF
QUARTERBACK TACKLE INTERCEPTION
GUARD DOWNFIELD

Ancient Egypt

```
I U J S H S A V E F K O K O C
Y T C T D P T Q W Z A B M M W
C N Z U J S Y N Z T T E G R H
E S U Y D N P L D T B L X L J
B L U L Q T M M G H Q I F X Z
C P P A P Y R U S O Q S C V W
R W I M S I V Y M N R K E L Y
N B I H E Q T G S M A E S X G
E R R Q Y T D Z Q J I C I F H
N Y N K E I D K X L A E E H O
I S X Z M H U Q R S M S Y A
L I J A H P Q K A Z E A R I R
J U R K C U T B X N I H P S A
Q Y N W Z X C W Y J X E H W H
P A D M S U Z E W V T S G Z P
```

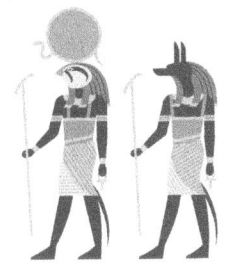

PHARAOH
PYRAMID
PAPYRUS
MUMMIES

OBELISK
ANKH
SCARAB
SPHINX

TEMPLE
HIEROGLYPH
LINEN

Visit Hawai'i

```
V W P S U C S I B I H U S U
N J Z I G I Q L K G T Q D O
P O L Y N E S I A N T V N L
C R J G L E G G Y O P O A K
Z B P D V A A A V O K L L P
S I J L T R T P P Z O C S A
Q D G D L U F S P H O A I C
U J E A N Z R R A L O N Q I
S H N O H S Y T M O E O I F
V D C U K U L E L E C E Z I
S O Q P F Q L B R E D S S C
C E O U S M F M G J S E W P
F G E F Q I H A C T U O U U
J X S L S K V I I W X E U V
```

COASTAL COCONUT UKULELE
ALOHA PINEAPPLE HIBISCUS
POLYNESIAN VOLCANOES TURTLES
ISLANDS GARLANDS PACIFIC

Girl Scouts

11

```
D S Q N I C B P A J S F Q Z
A P D T O A O D Q R N X S M
I P A R D I V O O H R B E V
S L U G A E S O K N H W I J
I N E M N W D U Y I S C N R
E S F T P T A L F E K W O
S T U P U P O O T C Y S O N
L R E O S L L I K S N H R O
E Y T I N U M M O C F I B H
E V C A N V I S H E K H H F
C A M P I N G R V C N N A P
G Z X G L F E A U J F I P X
Z J A T P L J C M A A H V N
E W Y S G C H C E K K U D N
```

BADGES COOKIES HONOR
CAMPING SKILLS INCLUSION
BROWNIES OUTDOORS AWARDS
ADVENTURE COMMUNITY DAISIES

Fire Safety

```
N P E K V L N N N A R J A P
I O R R E T H G I F E R I F
N T I U S T D M X G S J C E
H F F T X N D M N O Q F X G
F A D D S B R I N Q C O X S
T V L E U U L U D U E X K M
D Y I X N D B U B Z I Y H H
M Q W E N G R M C J Q G R E
D K O I C O I O O B Y E D S
J B K S T C K N F C X N Z O
Z D Q T D P O J E K O M S M
N D E B W T M S I K V E V M
B L A Z I N G W D W Y B D K
E D U B Q Y J P G N O Q O L
```

FIREFIGHTER   FUEL   SMOKE
HOSE   WILDFIRE   BURNS
ENGINE   KINDLING   BLAZING
ARSON   COMBUSTION   OXYGEN

Makeup

```
H R N P P D K R S V S W C O
P D E Q A B W E G P R H E G
E X W N K L L G O I A P V W
G T S D I K E N U P H O S I
Y V F S R L G T S S F W F A
Z T N A O E E T B E D O K
G S P M E L I Y W E F E U C
H S U L B C G D E C U R N I
V Q X Q K M A S C A R A D T
X Y R W O D A H S E Y E A S
R V A C M N E H G K D T T P
C N V P C A A F U P P W I I
W N T W A V N Q L O V M O L
W N I D R C W W O M B U N V
```

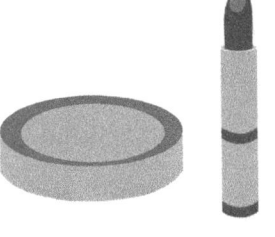

BLUSH   GLOSS   MASCARA
EYELINER   POWDER   EYESHADOW
LIPSTICK   FOUNDATION SPARKLES
CHAPSTICK   SPONGE   PALETTE

I Make My Bed

```
B C E H T Z F S D M H Z R E
Q L K M E U T R A G C P L S
R E A R I E C T X V W K Y A
D A Z N E T T K H Z T H S C
L N Q H K R D L J H K G D W
X I S N E E A E G T N M V O
M N I S J P T I B E G P A L
D G S S I M L S F R A M E L
E H L V B T S W O L L I P I
T Z D T H Z F L X G P I V P
T G O G H E A D B O A R D T
I P I V M K T N M I H E W H
F N G U N F I N S T P C C N
V H B Z T Y C C V U T Z A Y
```

FITTED	PILLOWCASE	TUCK
SHEETS	NIGHTLIGHT	MATTRESS
PILLOWS	BEDTIME	FRAME
BLANKETS	CLEANING	HEADBOARD

Bookbinding

```
S G D E B M I R J Y Q I R A
G E H U V M N O U Z J O E N
K Q N X R G T H X B Q J H N
T W E I D O R T O M P I S O
K O X E P J O U Z B L Q I T
I B A N P S D A G L B V L A
T K H I T W U N U L D F B T
C K Y R P O C S W B U Y U E
T E K C A J T S U D I E P D
O C O P Y R I G H T I O K S
U K Z F A D O R E H T A E L
K H U T E B N N Z J K G S O
D W O E X B H Q Y K A L X Y
V R P A P E R V A P F O L C
```

PAGES
PAPER
SPINES
LEATHER
AUTHOR
ILLUSTRATOR
PUBLISHER
COPYRIGHT
ANNOTATED
INTRODUCTION
GLUE
DUST
JACKET

In The Fall

```
S A A J C M F P H N B G Z J
E C X O N I U Q E M A X I Q
T S A O W M D S U U L D T A
M S E R P U E E Z T E R I F
B N E K E V Y R U T C I H
E J I V A C O R N A T H F X
A N N E R E R O M X T E W S
S Z L I Y A I O V H S J X
R Z M C O F H I W L I T V X
O R C C P C B T F R P N A F
N S O R J D S J Q Q W U L B
C R A N B E R R I E S T K I
N S J K C Q H B C P M S F T
U S L P W Z K H D J A U C M
```

AUTUMN CIDER BALE
EQUINOX HARVEST PUMPKINS
ACORN SCARECROW CORN
LEAVES CHESTNUTS CRANBERRIES

Whales in the Water

17

```
I H Z H L N K H T X V X B M
M N W G L O Z C C P Z L F I
Q A M E I T A Y A A U O A G
R Z M P R K S O E B E T L R
E G L M K N E K B X P R U A
B L U E A A U E E F A M B T
W V Z Y Q L R X O Z Q D U E
T F S U F P S J W P T R L H
A Q U A T I C Q O L F O K D
N E E L A B E V H L H T X S
S E L C A N R A B W K I X Y
P K Z T X G I M O X J D Z Z
K E K G H S Q L H J J J F D
K J H C H S B J R L T W R H
```

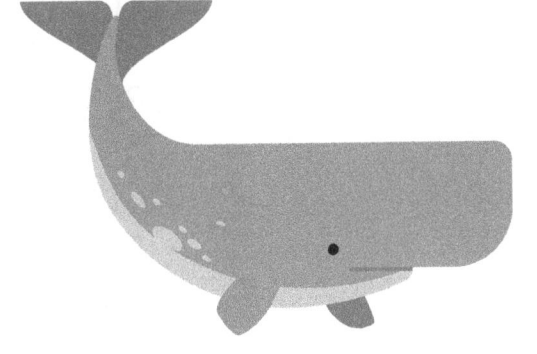

AQUATIC BALEEN   FLUKE
MAMMALS KRILL   BLOWHOLE
BARNACLES BREACH   BLUBBER
HUMPBACK PLANKTON
BLUE   MIGRATE

Volcanic Activity

```
H N N S F O O B Y L A N J F
X C I T S A L C O R Y P O O
F R O A V W B H I S C N O T
E G J A T K D O R M A N T Q
N K L B F N T W H C D V T J
S C O W W U U M L P E Z P M
E D R M H B O O C Z B V U O
R Q T A S L V T M I R T R K
U X P B T F M E O H I U E V
S D Y E U E C Q W I S D V Q
S F N Z X T R X A C Q B O P
I U T B Q Q R Z W F E N B D
F I G A S H B F H X R V I U
K R V E U D S X A M G A M N
```

VOLCANO
MAGMA
LAVA
MOUNTAIN
CRATER

ASH
SMOKE
DEBRIS
ERUPT
DORMANT

FISSURES
MOLTEN
PYROCLASTIC

At A Wedding

```
P V V T T P S T Y B F W E H
S S O O N G D N T E N P G T
Y P N W N A O H T Y D N A J
R X O I S M I G O W N I I P
T O R U E L I C E N S E R E
U M C R S W A M I U T E R B
X L E V C E A O C F N T A A
E C T E N S U O A Y F G M B
D S T S A O T R K W U O E J
O H Z O L S Z G E E B N Y G
U D U O H M N R S M Q C W O
S B U P M K S T V Y X X Q R
I C S P K R S E D N N G G E
P E G F N D G U M S K Y I J
```

BRIDE
GROOM
SPOUSE
GOWN
TUXEDO

OFFICIANT
GUESTS
RINGS
VOWS
MARRIAGE

CEREMONY
CAKE
LICENSE
TOASTS

Off To School

```
G E H H L F O H C X T I H V
E E C C X B O K H G E T N S
E A O N N M C U E T A W B N
A D I G E E S R M M C H V T
L U Q W R I R V I S H S U N
V H O O X A C F S Y E I D S
X R Y O K B P S T Y R N U E
K F Y U U B M H R R L A M Z
H S I L G N E O Y E B P K F
I E D U C A T E S J P S N C
A V H N S E S E D A R G I
T F F F I O O Z C A A H Q S
F C M H A N L N Y J J G O U
L P D H S Q F Y E A B U S M
```

ENGLISH MUSIC   GRADES
MATH   CHEMISTRY FRENCH
SCIENCE HISTORY   HOMEWORK
SPANISH EDUCATE   LESSONS
GEOGRAPHY TEACHER

Weather Report

21

```
B N A S W I N C H Y T O W Z
L Q O N U V U U K G E D X Y
W C Z O H N R L X E M A T Z
V P T U S R N Y B F P N S D
A M V D I N R Y U E E R O C
N H S C L D O U T X R O R L
C C A C H Q M M J S A T F B
K N B R E E Z E G A T G Y S
E U K M I K Y N M M E D R O
L K A O V L T G I Z U V A T
E T A M I L C S G O D A I I
T U L F Z X T F L O X D N A
D H N F V Y A C N B F U Y P
Y D N I W M M D G S F Y W W
```

SUNNY
RAINY
CLOUDY
MISTY
WINDY

FOGGY
TEMPERATE
DRY
CLIMATE
BREEZE

FROST
MONSOON
TORNADO
HURRICANE

Learn Some Math

```
B U J E B B S S X U S A A M
G R A P H R L U M U D J E U
A M H T O A O L B E B R C L
A S V T U O C T R S A D A T
Y X C Q M M R O K F R N X I
S A E S L A M I N I M U P P
F N N E C N E R E F F I D I
T T O T D I V I S I O N A L
K B I I Y R T E M O E G R C
H O T G T M U M I X A M B A
N V I L K C F F O R W W E T
X T D M U F A V N H B N G I
A D D S F D S R P E X P L O
J K A L K B M E F P Q Q A N
```

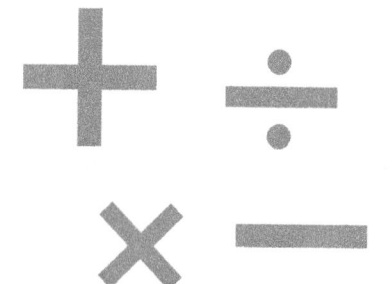

ADDITION
SUBTRACTION
MULTIPLICA-
TION
DIVISION

EQUALS
ALGEBRA
GEOMETRY
FRACTIONS
FACTORS

DIFFERENCE
MINIMUM
MAXIMUM
GRAPH
MEAN

Sparkling Diamonds

23

```
K L K P J S P P T C C B J A T
V A C G D G S R Y J A D L U U
N Z O C D V E E E Y R R C S S
M Q K Y J A C S N D A T B K X
S B Y W S H R S C D T X F O E
I E G U R L E U M O R C K I N
R S R S E L K R A P S A E Y O
P E K O R N G E L Q Z W H Q T
L L N I I N J E W E L E R L S
E H N O I T E C A F W Q Z R M
N G Q T T U K D P O D B S V E
S V T Q Y S L O F L O G B H G
A E C A C T X A E N U Y X C E
S V G H A F Q S E V A J D J D
B W F A V V S Q A J G R T R D
```

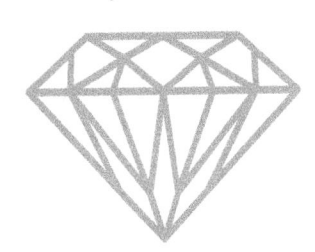

CARBON
PRESSURE
TREASURE
CARAT
RINGS

SETTING
SPARKLES
FACET
STONE
HARDNESS

PRISM
JEWELER
CUT
GEMSTONE

Wearing Accessories

```
B S T X B G S T Y F T P E F
E Y T Z L H E R U W U I M F
L L F N A E L G J R G N U K
O Y B L E E G U U B B S N U
T Q T U W M N B R O C A D E
S E W E A D A A X R J O N Q
R J J Q B B B N R A S V N I
S M Y D A O U L R S B T N N
C Y N H N W E P X O R L U O
L T X T E S R O C S O I N X
G A E O R I Q H P B O C M R
E A C U B O W S B C C S H C
A I P E P U Y M M J H T S D
V S F Q F Y T T C Z P I H W
```

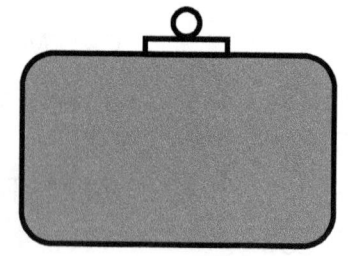

BANGLES
BOWS
JEWELRY
LACE
ORNAMENTS

TURBAN
STOLE
PURSE
BROOCH
PINS

HALTER
CORSET
BROCADE
BAUBLE

Out To The Ballgame

25

```
G C C F A N P H L U L N P L N
N O U L S B Q Z B E M Q A A X
I M W R P E A N U T S P M D I
W M C L E I S W X S H E I N F
S E D P U H C A H S X N R S
I N F H F S C O B A G I T J E
Z T V M H K R T B A N K A H S
P A N N L T E Y I G J L P O E
F T W A S D H C V P N F J I M
F O W T H U C E K I R T S A D
F R O J W G T Q Y W G W I T U
C P K L L O A L L A B E S A B
M Q B H U U C J C M P S T O Q
N F Z D N T Q P A B S O S Q J
L M C S J E W E H Y H Z S H R
```

BASEBALL DUGOUT SWING
PITCHER PEANUTS STRIKE
CATCHER COMMENTATOR WALK
BASEMAN INNING SHORTSTOP
UMPIRE BASES

It's Storming

```
T O D H D L Y C X Y U B G D P
D R I Z Z L I N G Q B V N R U
Z Z T Y P V G G F X U A I O D
R C Y H O I S N H M B A N P D
X B Q K U R T O I T T Z I L L
G M X U E N U G K M N O A E E
T V O W T T D U R D M I R T S
T Y O R S H M E C E W U N S S
K H T I V B Z I R W X S R G L
S A D J R T A O C N I A R D S
L E Y E P O U R I N G L V P C
Q G L S T E E H S F V Q I R X
D L S E N U P U X M D K Q A X
A O Q X P C O W P S Z Y Y L H
W N P I Q B Q J G E O D V C X
```

RAINING
DRIZZLING
SHOWERS
POURING
LIGHTNING
THUNDER
HAIL
PUDDLES
DROPLETS
UMBRELLA
RAINCOAT
SHEETS
OUTSIDE
DRUMMING

Level 2

Great job! You rock!

Let's continue and solve some more!

Now you get to solve intermediate mode puzzles.

Candy Bag

```
E E T R H S Q M C N K S D J Y
D T B E W P E I S O N J C I T
B C A E V G K R S Y C I G R Z
M O H L D R I Z Z L E O U I Q
O R Z U O A D T N M D F N O S
C D F K L C W E I D F H L U N
Y I T A G U O N T L Q E D S T
E A I G M I T H E A M A K I G
N L Q V D Y C L C A O D Q V L
O W T K N W V I R Z P C B L A
H W B L O D I A N S U G A R Z
E S N Z M E C E D G I O B X E
E Z A H L F M Z H Y P A T D D
R S M U A O X V J Z F L E B X
X J X C G A H E M B G P P O D
```

CHOCOLATE ICING   COCONUT
NOUGAT   DRIZZLE   HONEYCOMB
CARAMEL   GLAZE   CORDIAL
FUDGE   COATED   MINTY
SUGAR   ALMOND   TRUFFLE

Busy Bees

```
C H R D V P S L A R V A E B U
E O G N I T S T A K S V C U S
I N L M T O J M R W J U V Z R
J E I O P G K E N I J J X Z E
F Y I U N Z N A V W P E B I K
Q V M B C Y J I H I L E B N R
T A L Q H L K S M L H E D G O
W P L D T I E J H M E A S A W
P O L L I N A T E S U W K D N
L L I I O D G O W B A H T D U
T T B R M V L A L R E E K C V
K T D J K R X C M E N Y W Q K
U T U J M Y U D G T O H D Y S
N I D M O S S O L B C C M F P
U M I W E Y D D T J R K N P Y
```

STRIPED
BUZZING
HONEY
HIVE
POLLINATE

DRONES
LARVAE
BEESWAX
BLOSSOM
COLONY

CONE
HUMMING
WORKERS
SWARM
STING

Dracula

```
N M V V E D J L Z E I N A X U
I O H A N L I Y S W O E I O Q
B Y I E M S T K L I Q C N D Q
R L G T T P B S T P C K A O T
I E O A A A I I A V O O V W X
L I K O T M T R P C F D L N T
T E V S D S R M E I F A Y D O
S U E M R F F O W S I E S O M
U G M E T M B S F O N D N N L
D U P C I L R A G S S N A P G
V U N K F G P M J U N U R E K
S N I G H T T I M E Y A T K R
Z F F A N G S Q W X A S R J N
B B D A T B K O D X Y C K T V
H Z D P L G E E W U Q T J Y H
```

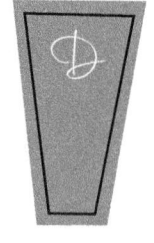

VAMPIRES   BLOOD   UNDEAD
COFFINS   NECK   LEGEND
STAKES   BATS   NIGHTTIME
GARLIC   CASTLE   TRANSYLVANIA
FANGS   TRANSFORMATION SUPERSTITION

Eating Berries

```
E C Y G O J I Y X C Y Y V B Y
S L H R F C R E L Q R G O Y R
Y X D Y R R C O E R C Y S R R
W A U E E E U I E E S P T R E
W Z Y B R D B B U E B L R E B
L A L R B B E G N Z Y W A B E
G U C E R S E B N N T I W E K
M K R A O E E R O U F O B U O
I R K O I R B L R X O M E L H
Y Q G R R N Y E Q Y Z Y R B C
A N B Y K A T U L H L P R D U
O V E T N J J W H K C N Y V L
Y R R E B N A G O L C R V B P
Y R R E B N O G N I L U W I L
B L A C K B E R R Y X Y H P M
```

CHOKEBERRY
GOOSEBERRY
BLACKBERRY
BLUEBERRY
ELDERBERRY

BOYSENBERRY
STRAWBERRY
LINGONBERRY
CLOUDBERRY
LOGANBERRY

GOJI
YOUNGBERRY
ACAI
MULBERRY
HUCKLEBERRY

Using Electricity

32

```
R Z K B B M S V B T O Q E F B
T O T E A I X T R O H M S I P
N W T G E C N A T S I S E R D
P O N C Y V N A B A E Y J Q E
V E D C U S Y L R Q W M E R Z
T Y M E I D U R Z Y Y G M G I
F M A S J B N Y D O N L B Y R
R S T P J Z S O P A T F L N A
U O R N C X H A C M S T Y O L
R I S K A O T V F P N A R J O
Q X E L T E K T K E P A M W P
M W D R I F Q V R R R G P V L
Y S O E K C T R M E D D W E U
G N T R I W U V O L T A G E O
T G D K I C X U F V Z F H V T
```

WATTS BINARY WIRING
OHMS BULBS POLARIZED
DIODE NODE TRANSISTOR
CONDUCTOR AMPERE VOLTAGE
CURRENT MAGNET RESISTANCE

Let's Do Astronomy

```
I B S J T Y W R L H X P X I P
R N L H X E V P E V B F G N R
A F T A T C L M U C V U N T K
P N L E Q G I E E K Q P Y E Y
U A O P R S N L S E K S A R R
G I T R P G E E C C T L L S O
Y S X H O S A A L I O S U T T
K B E J T C P L F E L P B E C
L R W I X S W D A L V U E L E
E V A M O Z O N E C R A N L J
L L A R T R E T W M T N W A A
W O E U W K P A L X K I P R R
P A C O S M O L O G Y U C A T
R E M O N O R T S A M E V Y U
E G R N O I T A I D A R A V T
```

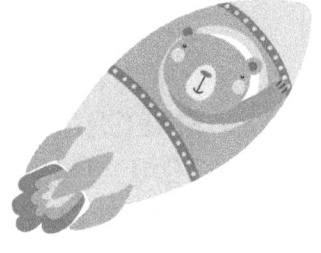

AEROSPACE TELESCOPE INTERSTELLAR
CORONA NEBULA OZONE
COSMOLOGY ASTRONOMER RADIATION
HEMISPHERE CELESTIAL WAVELENGTH
INTERGALACTIC GALAXY TRAJECTORY

The Fourth

```
N K C C S E M O D E E R F B O
O G B E S C O V Z E N C A U S
I G E L D N T N T A L C E K S
T R F E V E H R X U K F R F S
A I D B P D C S A Y O O L C T
L L A R A N F L A D W K I U M
I L D A J E Y R A E I N O F Q
B I A T S P D A R R H T C O G
U N Y I I E N I R C A N I Y C
J G L O Q D F U E E C T A O L
F K U N C N H T G N T H N I W
J C J I Z I O N B G W A M O M
F I R E C R A C K E R S W F N
Q H X Z Y C R E S C E N D O C
A V F P E T A R O M E M M O C
```

JULY
DECLARATION
INDEPENDENCE
FREEDOM
GRILLING
CELEBRATION
JUBILATION
COOKOUT
FIREWORKS
PYROTECHNICS
CRESCENDO
BACKYARD
FIRECRACKERS
TRADITION
COMMEMORATE

Spooky Ghosts

```
P Z M R V N K S A A F U N W Q
O H S O U Q C A T L A O S I J
L A A R C Z Z T O P I O S L X
T U L R Z D Q A P T O Y V U I
E N P E Z A T A A W Q Q L R B
R T O T C I R T S T I R I P S
G I T D N I S R Z V T R G D N
E N C G T E N O C T U R N A L
I G E I F L A M R O N A R A P
S N O I P Q N E M W J A Z W M
T N N S U P E R N A T U R A L
U A Q I G I I S G S E G F O J
M W S L R G E I S T O R Y W S
Q U L E Y F L M E W U U C V A
V V E G S J O B I I K R L S F
```

SPIRITS
HAUNTING
ECTOPLASM
APPARITION
EERIE

GEIST
MANIFESTATION
NOCTURNAL
POLTERGEIST
SCREAM

TERROR
SUPERNATURAL
PARANORMAL
SOUL
FLOATING

Up In The Air

```
G U H F D E L L H Z S U O L Q
C O E A K S E L A K R A X T T
B A L L O O N N S N S S E V K
R J I D S X Q Q A C D N P W D
E T C N T A G H E L R I Z H E
H F O W D G T N A O P T N A T
T K P P B Z D S B Z P R C G A
E B T Q J I W R I Y R J I X L
T U E K N O I T A V E L E A F
X N R G P A B W I N D S L R N
Y X V M W D A E P Y U A S Z I
K A I H M J S C N M U N I W R
P L G Z Z S K B O N P D J A F
B L E T V P E A C L E V A R T
L I Q L U T T H I S H N F S O
```

HELICOPTER AIRBORNE   LANDING
AIRPLANE   ASCENDING TRAVEL
BALLOON   BASKET   WINDS
BLIMP   ELEVATION VISTAS
INFLATED   LAUNCH   TETHER

Ice Cream

```
M C J X Z G D M M N L S A Z T
T S O S T E I I L D U G R Q R
D C F N T U L D V W X N B Q U
Y B U L E K L S S P L I T L G
G R E J S S F K Z L T P O S O
S M E H S E L K N I R P S C Y
Y E A M X J L X A Q A O S O B
A K C M A A Q F R G T H O Q
E G U U Y E R S U N D A E P D
G P E E A A R P Q C B K Y S N
I H R L P S N C K A N J J P Q
T S K J A N E Z O R F U Z W Q
G Z R Y K T R T W O P R V P H
V F F D H X O B F P S P V G M
N S T Z K D S P H N M R B F R
```

SUNDAE
SPLIT
MILKSHAKE
CONES
CREAMERY

GELATO
SCOOPS
LAYERS
PARFAIT
FROZEN

SAUCES
SPRINKLES
YOGURT
TOPPINGS
MELTED

Good Nutrition

```
T N H P X V G W M W G F C M M
L Y I S O D I U M U L A A U U
K E Y E T H I T Q P R S L I I
A X O U T S S L A B R Y O S C
T S Z D E O M T O M A Y R S L
Y A U N T T R H N C I B I A A
S X G U Z G Y P T E E N E T C
L A K R J D Y S S T I S S O D
M N A I R A T E G E V R M P R
V M J A E R O V I N M O T E K
F E T L I F E S T Y L E N U E
K E G D R C F J J E U I Q Y N
S O K A P S F N F O D E K V Z
D B O R N O A L O O U I G H K
L G J D I K T Q I G R R G P A
```

PROTEIN   CALCIUM   LIFESTYLE
CARBOHYDRATES   IODINE   CALORIES
FAT   SODIUM   VEGAN
NUTRIENTS   POTASSIUM   VEGETARIAN
VITAMINS   MAGNESIUM   OMNIVORE

On Horseback

```
X T E L L D D N U P S R L S I
D J V O L J H S F X R I A E P
C D J T H Z T B I E E D K O U
N A I R T S E U Q E D I I T T
D G R S J N E K O L N N O R T
O G G R C U C S E W I G O W Q
C P T E B O M S R Z L T X P F
H A N D L E R P E O B Y Q O O
F T R E T N A C I V H B M L A
F F R D J Y O K Z N O M G L L
J O Y G E I D Z N P G O H A S
F A B K C R S I T O H Y H G Y
Y D C M L M B T D D Q T Z K Q
O O L N A P C Y I N P S E K B
J J J E N H E M E A D O W S H F
```

RIDING
HORSESHOE
BLINDERS
SADDLE

CANTER
TROT
EQUESTRIAN
DERBY

HOOVES
GALLOP
FOALS
HANDLER

JOCKEY
FORELOCK
MEADOW
JUMPING

The Lifeguard

```
Y G R D D B Q E Q T L R X G E
T H G E M V M H O O I Y B G B
E M E F G W H W O P A E I E D
F D K E L N E P T K L D U D X
A N A E P R A I F Y H C G H Q
S B L N R X D D N D S Q W C C
P U E S X E W D Q E M O F M D
D A Y A O B S E R V A T I O N
R S R A C J V E T D A M C I G
O H E A D H K C Q U Q E H M Z
W X Y N M T N O O G A L A X H
N M B J U E S A V I N G I Y V
I M C E G D D F G A Y R R G X
N X A Q Q C M I N P U H Y B E
G T U E K Q P Q C S Y O U B P
```

BEACH
LAKE
LAGOON
POOL
CHAIR
TOWER

DANGER
DROWNING
BUOYS
DUNES
SAFETY
PARAMEDIC

OBSERVATION
RIP-TIDE
RESCUE
SAVING

Keeping the Light

```
L U D I C Y E G F P L E G D M
E B M A E B S Z G E S K A R G
N P N T M T U K A U E Y L X N
S W H J K C O R O D M R L R I
E W U S H C H H D A S I E A N
S O K E O B T O R D M B R J R
L O F B V A H K U K J Q Y E A
V A Q F O L G N R O H G O F W
E X T B S H I P W R E C K N N
V F J S P H L H Q E S C O O L
E O C E A V O F A N D C P A K
V O I N V O U R H R A V M M J
K E E P E R C H E E B P C J D
Y I C V N A C Q B P S O J S I
J U H G A Y V X H O U R R K B
```

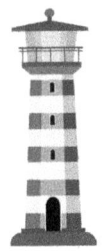

LIGHTHOUSE BEAM   COASTAL   LENSES
GALLERY   FOGHORN   WARNING   OFFSHORE
DAYMARK   BOATHOUSE HARBOR   REEF
BEACON   KEEPER   LAMPS   SHIPWRECK

Itsy Bitsy Insects

```
P L O C B B Y W C T N K A D W
B M A S R L V O F O C C D B Z
U U D P F S L H T G D C K U F
T T E T E H O F E R S Y G R M V
S E R T N I L U S C A R A B S
B I K I E E D R A G O N F L Y
F O E C K R Z S E U M E W E P
S S R S I N F Y Z B A A H B P
O F O S F R K L T Y N V B E Q
A X I B M E C D Y D T R J E C
E S E L T E E B R A I A R I H
U C P V W R T R K L S L C P Z
M W X N Y L L D K F B A M W T
N O O C O C A K V G D Y Q O T
P N H L C G I S J A N U E G V
```

BEETLES
APHIDS
DRAGONFLY
BUTTERFLY
MANTIS
CRICKET

LADYBUG
BUMBLEBEE
FIREFLY
CICADA
SCARABS
EXOSKELETON

COCOON
COLONIES
LARVAE
NYMPH

Music Hall

43

```
L A J H L S H A N T Y Y Y G A G
Y X C V P A O M J C M R L P O
C I N O R T C E L E T T C K S
K O P P B E L I D U E N Y J P
E S C L U U G A S R P U D W E
T M U S O N L G N S Z O C C L
P E N S I L K A A F A C U R B
S S K T A D T X V E F L B F O
J U U B S I O O L F A K C J V
I W F R V R I N W U A C R A D
F Q O E L A T E M N D O V Z J
J F A U F K P W A G G R L Z W
I R O L V L Q J S B D F U M E
C F U N K C T Y N W R T H D I
T V F C R S A N Y J W D D C F
```

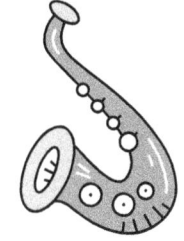

BALLAD
SHANTY
CLASSICAL
ROCK
BLUES
COUNTRY
SOUL
METAL
POP
REGGAE
FUNK
DISCO
PUNK
ELECTRONIC
GOSPEL
ALTERNATIVE
JAZZ

The Flower Garden

```
S D L J M L J A B L H N R Z L
O N O I I S N T I Y S E O J Q
R O O L T E T D J F I M S X U
C D A R M S O E Y X L A E X I
H C A O D F I V M B L T S S O
I N N I F N L P P S Y S C N N
D E H A S Y E A M A R A N T H
S G D P C I S D J X A D D P J
S E V A E L E N O Q M A S V X
Y N O E P S T S A D A P K T N
I J W R N U M B P P O N W L G
P V I R T U L I P S P H Y C U
K W O I I N V S N A L B R L U
S H U X M O R E L S G S F M Z
T N X G K K E W M Q H L L W I
```

LEAVES
STEMS
PISTIL
STAMEN
THORNS
DAFFODIL

ROSES
TULIPS
DAISIES
ORCHIDS
RHODODENDRONS
ANEMONE

LILAC
PEONY
PANSY
AMARANTH
AMARYLLIS

At The Ballet

```
A G C D C V G I E J E A S E D
E N O A H I E R F T L K T M F
U D I E O G Q E A L N T Z L S
Q A G R R B P D E C E I E B P
S N A I E U A G Y U E X O K I
E C D A O L R R O H I F R P N
B E A R G O L R R B O U U R O
A R T B R D I A I E I Y J L B
R S F M A P B L B T U T U S E
A N F M P M I Q H A V X W H H
A B J O H T C L A S S I C A L
X S U F Y D R A T O E L M L G
E E C N A M R O F R E P A H W
C A B N M A T M N G I J N Q M
F J C A W Q B J R H E Y I I K
```

DANCERS
BALLERINA
TUTUS
POINTE
ARABESQUE
ADAGIO

ALLEGRO
CHOREOGRAPHY
BARRE
GRACEFUL
LEOTARD
FLEXIBILITY

SPIN
PIROUETTE
TROUPE
PERFORMANCE
CLASSICAL

Fly By Night

```
C O L O N Y T J M L E F G Q B
N K W I M A G E T R R R U P U
E O O I B P M V O N I U A E R
F J C A N B U V E O P G N W G
U Q G T R G I R U I M I O C D
X E X A U T S R D T A V B Z B
M N N O C R O V U A V O T X D
H E I E H O N U G C E R Y R C
S A S R S E J A S O L E N F R
S N V T I I R R L L P O O W S
I T A B O R C I M O A X K E E
G H A Z M L U R D H Q M V U V
I J V B M D O S T C U O M E A
A H G O U O F X O E F J B A C
P O L L I N A T O R S E H Y M
```

BATS
MAMMALS
WINGS
NOCTURNAL
ECHOLOCATION

COLONY
VAMPIRE
CAVE
GUANO
INSECTIVORE

FRUGIVORE
MEMBRANES
POLLINATORS
ROOST
SWOOP

MEGABAT
MICROBAT

Get Some Exercise

```
Y B H G N I N N U R G V S T S
G H R I R Y L O M N J U T U T
S C T E M S W I I C K V R O R
E Y F L A C L T U T D A O K E
I C B G A T A A K G A Q P R N
R L V B T E H V N I X R S O G
O I R P W Z H I O C K E D W T
L N O S Z O H T N C R N K Y H
A G F R N C J O F G I D Y I H
C X M W T P L M K Y D U K S N
G A H E A R T B E A T R N O V
A E R O B I C S E N I A L D O
G T S S E N T I F C K N G Z N
S M U S C L E S V H B C Y S J
S L L E B B M U D E B E N Y O
```

HEARTBEAT
CALORIES
BREATHING
SWEATING
ENDURANCE
FITNESS

AEROBICS
MOTIVATION
HEALTHY
WORKOUT
STRETCHING
STRENGTH

MUSCLES
CYCLING
DUMBBELLS
RUNNING
SPORTS
HYDRATION

Sword Fights

```
F E F L I C K R C L R E B A S
O C Y B G W K R A T E F E T I
I N A A W Z O D W P G N T T W
L A C I E S Y X T J I H T A J
S V T L S P C A J Q R E N C U
M D R O L H E P X U I Y R K E
O A V G G R Q E S C J R I D X
G E C Y T N J T E S L R W X I
R S R E K C I N K G H A R B T
H S R S A N H C F X N P O N Y
T O U C H E S Y N Q U U I A Y
J S J W A B A T S E T E L Q Y
J X Z G P B N X I E F J E C G
K K S Y V V T X V L Z G A P X
R I Z W N Y C E C X L Q J H Q
```

FENCING
EPEE
SABER
FOIL
RAPIER

ADVANCE
RETREAT
ATTACK
LUNGE
PARRY

CROSSOVER
BOUT
FEINT
FLICK
KNICKERS

STAB
THRUST
TOUCHES

Caring For Nature

```
N G A D Z J J U F J G E Y N Y
P O R C K Q L H E E S N T O C
E R I W T L Q C M T Z V I I I
W S E T Z I U R E A K I L T L
E S U S A D V W P Y Q R I C O
M C N O E C A I B E E O B N P
N P N R H R I L S C H N A I A
K G U E D N V H L M O M N T D
W H K S I S E A P Z R E I X V
J W H N C C I E T O E N A E O
E I O J M M S G R I R T T M C
P E L C Y C E R L G O T S C A
E R U T A R E P M E T N U H C
P O L L U T I O N R E U S E Y
I N D U S T R I A L I S M A E
```

ENVIRONMENT
ACTIVISM
ADVOCACY
POLICY
GREENHOUSE
PRESERVATION

STEWARDSHIP
TEMPERATURE
EXTINCTION
POLLUTION
INDUSTRIALISM
EUTROPHICATION

RECLAIM
REDUCE
REUSE
RECYCLE
SCIENCE
SUSTAINABILITY

How To Act

```
S X Y L M I D N G Y H N E E H
G P T T R A Z J Q Z O G C T T
F G I O I F N B Q I Q R N H U
Z N J H L L C N T N B A A I R
V I S W S E A A E E R L R C T
S R Q E N R R H R R T E S D
C A O P U E O A O O S R V F I
R H H N P L V I N M U U E L S
E S C O X I A O T C K I S C P
X L O J O D H V N A E S R Y U
G C B R E S P E C T L M E V Y
E C N E I T A P N T V E P C X
E U T R I V G T R U S T R M U
R I G H T E O U S W C U M H M
U H W G O F P B M N Q D P K O
```

ETHICS
RIGHTEOUS
ALTRUISM
BEHAVIOR
VIRTUE

TOLERANCE
TRUTH
HONOR
VALUES
RELATIONSHIPS

TRUST
COOPERATION
SHARING
RESPECT
MANNERS

PATIENCE
PERSEVERANCE
MORALITY

Cup Of Coffee

51

```
D P E F H E B E E Y C W P W B
E E Y Z U T G X N S F Z I A I
D B T Y O A A C I D I C R S T
N E R A R I V I E R B I D Y T
E X E E L G S X F F S O F Y E
L J V G W O C B F T I X Z X R
B E T U N I C T A L G L W O N
B M D T Y I N R C G R Z T B U
G R I N D I N G E T O U I E P
S R E T T I J R N P U N I R R
S Q P M B R G A O R N O E H C
F N X U J I T W Z M D S Q D V
A D F A N Q S C R N T S P T U W
A J H E N L A M O R A H A M T
V F M I B B F N P B P L Z Q R
```

DRIP
BREWING
PRESS
ACIDIC
CAFFEINE
AROMA

BEANS
GROUNDS
BARISTA
FILTER
BITTER
PERCOLATED

BEVERAGE
JITTERS
MORNING
BLENDED
INSTANT
GRINDING

Dog Park

```
E B R T K X L K R S P T G M M
F L O E Z G L T E E O E N O A
G B D X L A I G V I I U E R B
E O E O E I B V E K N R H Y A
L N D R O R E Q I S T M J U E
G U D L N P T W R U E R H I J
A H U A L E E S T H R A L H F
E A P U C U S H E T U L T S Y
B D A I B H B E R H O Z A Q K
I C M Z K K S P I C C R P H V
T E M G R E Y H O U N D A H N
T R J I G F C E U B A S S E T
T E R R I E R R P N K D O A A
L E I N A P S D W E D B O J L
J T Z G E T U M A L A M B O B
```

SHEPHERD
BULLDOG
RETRIEVER
POODLE
CHIHUAHUA

BOXER
BEAGLE
HUSKIES
GREYHOUND
TERRIER

ROTTWEILER
DACHSHUND
COLLIE
BASSET
MALAMUTE

BERNESE
POINTER
SPANIEL

Baking Bread

```
Y T W K A S Q B C D N L T E X
G E F H E F R U E T E E O Y Z
J V L V E A L N J F T K R R S
A Q A R I A E A H A U C T J R
X O F D A V T Z T T L I I J C
L S E J A B F X S B G N L Q B
A D O E L L O R M B R R L P A
H A L L A H C R A N F E A D G
J N S O U R D O U G H P A K E
U A A X P G D B B U X M O D L
S L M T T N F F N O V U F I D
M L K O I A W P D G U P D W K
S L A V V P P M X J Z K C G J
R S P E P G Z R A G W H I T E
T R Z F M O Q P T B T U U F L
```

WHITE
WHEAT
BRAIDED
RYE
SOURDOUGH
BUN

BAGEL
PUMPERNICKEL
ROLL
BARLEY
CHALLAH
FLATBREAD

TOAST
GLUTEN
LOAVES
PITA
TORTILLA
UNLEAVENED

Fancy Fabric

```
T V H K A G N I T Z U C E J L
W I R Q H P Z I H T H R L K B
M A N C Y W X L V I E S O L I
G W Y K O B L A F M G V I I N
I Y E S R E J F H O L S L S S
N Y L Q U I O S W O R S T E D
G F R F D N A R O I A G O U V
H R X A R C R W G T Z N N B F
A T D H O P U X I A I D E O E
M Q T G C P O N B R N Q E L T
D A M A S K L Z E U B Z M T P
I N O Y A R E M N V R J A S W
W F D X Q H V C Y D L L S O
L Q W M T T S P P O E R A F D
Q X B X D B S Z H U I C M P D
```

BOLTS
JERSEY
KNIT
SATIN
VELVET

SILK
VELOUR
WOOL
WORSTED
RAYON

ORGANZA
MERINO
GINGHAM
DAMASK
CORDUROY

CHIFFON
CASHMERE
BURLAP

Monster Mash

```
G Y R Y E T D Q J V P X Q W E
O K R A K E N R A B M A E P R
B I D E E S H R A V W Z X I
L M H Y M A P S Q G E F I N P
I Y R U R S R A N W O O D D M
N F C M G Q N G O A Z N Y Z A
O M T A O U P L M P B Y Y I V
S G U W N A F N O T E L E K S
N E R I S T F N Z M U M M Y M
D M Y E K C H O N R E L K O L
I O E B N H M R F I L D T U E
W N T M Z B F G O O J N Z O H
S G I V I X X C R P A D F C M
L K H E X H O T R H E F W H L
Q A A X O S A E P E O I X G W
```

BANSHEE
VAMPIRE
WEREWOLF
SIREN
KRAKEN
LYCANTHROPE

DJINN
DRAGON
GNOME
OGRE
GOBLIN
PHANTOM

ZOMBIE
SASQUATCH
SKELETON
YETI
TROLL
MUMMY

Level 3

Wow! Impressive!

Now we make the grid even larger and you get to solve hard mode puzzles!

You can do it!

Literary Notions

```
C N N A K S U A U A L L O R A
J O G O T S L U U P E I G O L
U P N Y I L Y T A L T T Y T L
Q J L N U T H M O L E E L A E
R E M S O O I B B R H R C R G
E E I F R T R S C O T A I R O
N O C S Z E A B O C L T T A R
N X H B P K T T M P A U S N Y
N I M Y Z O E W I D X R I Y S
P H H M E T A P H O R E G J I
E V I T A R U G I F N O A G M
T N E M G A R F F T L J M P I
P S S U B T E X T A M K I A L
F I T O M Y L Y N D S B Q X E
F Q W N Q J U A V Y H R H N B
```

- LITERATURE
- AUTHORSHIP
- SYMBOL
- METAPHOR
- ALLEGORY
- SIMILE
- FIGURATIVE
- IMAGISTIC
- ALLUSION
- ANALOGY
- FRAGMENT
- EXPOSITION
- CONNOTATION
- NARRATOR
- SUBTEXT
- STYLE
- MOTIF
- HYPERBOLE

58 In The Mines

```
E S Q Q G D S V B E N A M U D
T M O D J E L L E I O D I N W
A R G U V O A V A I E Y N D X
N H O A N S G T P P N O E E D
O Z C Y T D N E O S R P R R N
T F D I E U I S Y E W G A G O
E G N Q O V I N L Z H T L R S
D G S M W T N X G T L B I O D
K L W Z U R D O O L E X C U W
S E D I M E N T C G N C K N I
Y G O L O E G K D T N F Z D W
S H A F T M S U M M U I G U B
R S F R Z A J E V R T N V N Q Z
R S R E L O H E R O B I R I D
M S G I M N T J A F A T L J M
```

MINING
BLASTING
BOREHOLE
VEIN
MINERAL

CONVEYOR
CAVES
DEPOSIT
DETONATE
GEOLOGY

MOUNTAIN
ORE
SLAG
SEDIMENT
SHAFT

SOUNDING
TUNNEL
UNDERGROUND

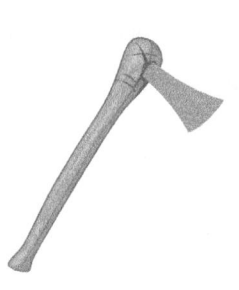

Making Money

```
T B J M I C A F D W R P C D S
A E U C F U E O Y T P U P T T
I Z L M M C L N X C R S A M H
Y S B L E L N V T R Q S Y E F
Y R U S A E R T E R R C M W D
Y X O R P W B N L E E X E E L
T A X E S U C S T G T P N Z Y
T F O T T Y N N L I R A T N W
C S M F V R U D O S A P B K C
F V E Q G O E Q C T U I S P E
X F Q R C O R C J E Q E K E D
D O H C E T A M E R R B C V Y
R J A G Q T I V Z I A G O B F
K N S A V I N G S N P B T A V
L E K C I N V I K L W T S I S
```

DOLLAR
CENT
PENNY
NICKEL
DIME
QUARTER
WALLET
REGISTER
BANK
CURRENCY
ACCOUNT
SAVINGS
STOCKS
TREASURY
TAXES
RECEIPT
PAYMENT
INTEREST

At a Dig

```
A S T I O C D U P D H C N D T
P N O C P F N P K E X Z E K E
O T T U A E U R X T O B W A M
T V R H A F S R C O M N D R P
S K E R R C I S E O U R T C L
H I T R Y O T T T L H K E H E
E H S L S R P N R I I O P A X
R Q O Z A E E O S A V C A E T
D F S T T Y E T L R D L S O C
M P A C R N O R T O J F I L E
W T Y M N R T G X O G L P O S
G T N E I C N A U K P Y B G N
G T A C R E V O C S I D E Y A
A C A D E M I A M U S E U M R
C L U J Y P B L L J J B D S T
```

ARCHAEOLOGY ENTOMBED LOOTED RELICS
DISCOVER ANCIENT ANTHROPOLOGY TEMPLE
ARTIFACT POTTERY OVERSEER STRATA
TRANSECT ACADEMIA POTSHERD
UNEARTH HISTORICAL MUSEUM

Summer Olympic Games

61

```
G S X C Q K G S S G S A L B A
G E A D A N L L G I O L L A Y
T N J I I G A Z N L A L K D R
Y T I L L T N I B Q W F M E
H T C M O I E N T S Z I W I H
R Y R M M T N E F S U R W N C
C O T A Q I K G I I E B T R
Y I C X M S W E L S R O Z O A
I S U N A P L S T S D X N G
R U G B Y N O L H T A I R T N
G N I V I D I L G Z Z N A H I
F E N C I N G C I B Q G H W
Q S U L G A C D E N I C B Y O
C H D D K X E V W H E S N L R
V O L L E Y B A L L S X Q F F
```

ARCHERY	DIVING	RUGBY	WEIGHTLIFTING
SWIMMING	CYCLING	SAILING	VOLLEYBALL
BOXING	FENCING	BADMINTON	TRIATHLON
SLALOM	GOLF	TENNIS	TRAMPOLINE
BASKETBALL	ROWING	WRESTLING	

They Rule

```
T A R C O T S I R A X N P C M
H H M Y R B V F R O X R K O K
R O L U D P W Y I O I R D U Q
O W O B B A N S R N Y G Y N J
N C O G A I L S C L N A A T T
E P Q C M R T E E I A V L B J
B X U J N K O C K N U V A T K
D Y N A S T Y N U G Z C I I Y
Y Q U E E N I I D I Y R N H A
V E R I P M E R O E D G H Q C
N S Z C H P Z P H R G J A H A
B W T G U I X K M W Q P H U A N
V Z O F P D R O L R P N U G P
L I T R D Y S L Y E H A L E D
E G J B C E X L A E U O O D J
```

KINGDOM DYNASTY ROYALTY BARON
CROWN COURT PRINCE COUNT
THRONE CHIVALRY PRINCESS DUKE
ARISTOCRAT KING LORD EMPIRE
REIGN QUEEN LADY

Gone Fishing

```
R D I E U K A Z C N Q B H O N
J E X E V Z N M X L O E K Y A
H S G G J Z G W U B X P F N M
X A E N T O L R B H E F K G R
W E R I O T E E R E C G E O E
V A V P L M R U T G N I Y T H
S Y O H O F H I H I V C C B S
J F Z I Z O B S M V G M A R I
Z T W Q R L N M I O R N S A F
M C U M T U A K X F E E T B W
J L C P E L B C G A I Z E T D
G U H R C W E I G H T S E L H
V B I B A I T M U G G T L U B
M W D M U B L I N E N M O U R
P A R T D H H L H O S W P E U
```

ANGLER	LINE	LURE	CHUM
POLE	REEL	HARPOON	BARB
FISHERMAN	TYING	FISHMONGER	BITE
WEIGHTS	FLIES	CLAMMING	BOBBER
WIRE	CAST	TRAP	BAIT

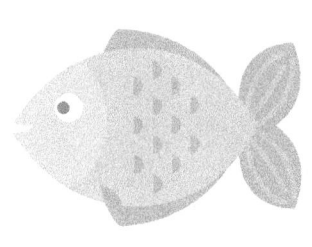

Let's Go Camping

```
I W L N A N S E E Y K D N E V
S Y I Z E U E R O N G R G T A
S H A L M E I E A N E V P I C
A P A M D F T P R T A M U S A
P F E M P L S N N C A C V P T
M R G M M A I A A R S F W M I
O B A X C O L F S C J N P A O
C C T K S P C H E A H P U C N
S T N E T E M K D M T F H S P
W R N P K A G N I L D N I K V
T H G I L H S A L F D V K M G
W V E L F I R E W O O D I G A
L O O T E R R A I N U N N N N
Q W K C P G B M I L L Y G R T
S V G P M H Z E W I O P I P U
```

CAMPSITE   COMPASS   WILDLIFE   MARSHMALLOWS
CAMPFIRE   CANOE   VACATION   KNAPSACK
TENTS   FLASHLIGHT   TERRAIN   KINDLING
HIKING   LANTERN   SUNSCREEN HAMMOCK
CANTEEN   FIREWOOD   SUMMER

Pasta, Pasta!

```
T B X J P Y E N H C A I F Q T
C H N C Z G R O Y E N P E E L
H I O W A N O O M F F B T N N
A N G E L N C D E Z O K T I B
I N I T O R N L Y I K I U U K
L A S A G N A E L A L S C G L
T A G L T A T E L L E K C N W
I M N Y P E D S I L W U I I O
E T S K N I L S A H O M N L B
O S A N H A U L E U S N E X L
R P E L X F F A A F C J I R E
Z P S E I J T C D F T E I F Y
O A N V H A V G L O R W A T Z
A F M I B C N L G U L A W G F
A C D I T T E H G A P S F C D
```

NOODLE	CANNELLONI	TAGLIATELLE	ANGEL
ORZO	ELBOW	SPAGHETTI	CHEESE
BOILED	FETTUCCINE	ROTINI	SAUCE
BUCKWHEAT	FUSILLI	PENNE	ITALIAN
FARFALLE	LINGUINE	LASAGNA	

Birds of a Feather

```
X S R D D W U A E R M B I F F
H K Y T W Y N R K U E K J B S
D E S C E N T C R E S D R E H
G I S J N C O M W L Y I R A I
U N R W L L U L R B G K E U M
R Q I U F R S A E B V P I G M
U O T P A N O I T A T L A X E
U C O T P Y B Z F U W N C E R
H H I K M O V G A Q B H L Y T
W O Z I E S R E R S A I A N W
N Z X E J R X D B R B P D O P
E D A R A P Y X M U D T G F R
C B R O O D Q Z J X J N S R C
F J X C J S U A C D R F H T V
A L N W X T X D I B L H O Q C
```

FLOCK
BROOD
CLUTCH
SIEGE
SKEIN

PARADE
MURDER
MURMURATION
JUBILEE
HERD

EXALTATION
BEVY
CHARM
DESCENT
DROPPING

RAFTER
ROOKERY
SQUABBLE
NYE
SHIMMER

In The Summer

```
O H B T R A V E L F E N U J T
Q E A L O Y H B I L Y L A O H
T X R A I T L R A M P B S A U
E N B B K P E U Y Y Z H T O N
N A E D N F C P J D F B R N D
I U C M L K L A W D R A O B E
H G U I E H G P R E N I P G R
S U E O T S O S A N T G S T S
N S G M R P U K E A I A L L T
U T R U S V R M C H R V Y X O
S A W I S P T A A W C C A D R
W F C J Y L V Y O R T A A L M
Z L H U M I D I T Y W K E D T
E S U V E O A W C V F R X B E
C T A E D A N O M E L A K C V
```

SPORTS   BREAK   ARCADE   JULY
BEACHES   FIREFLIES   CARNIVAL   AUGUST
WARMTH   HUMIDITY   AMUSEMENT   BARBECUE
SUNSHINE   TRAVEL   THUNDERSTORM   POPSICLE
VACATION   BOARDWALK   JUNE   LEMONADE

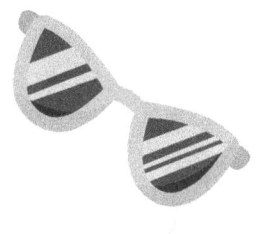

Skittering Spiders

```
X X A B W D D S O P W U X T S V
J Z C E E M X R E Y I O M A G E
J N E M O D B A H L W R D M E L
E P D Y Z W U B S U B H A I L V
G T R G E A R A C H N I D T W E
Y E Q A S T T P B G W T D P E T
C R V C O A P S Z L O K S N J G
S E A L U T N A R A T P B M A S
R N J K U W V E R O L E J O A M
L N T N Z G C F A A W M A L M N
G I X S W L N F P B T P X T A Z
S P Z J U R A I O R D B A I J M
K S R S R N D C P G C S R N J V
P Q E L G E H P A M O R O G O Y
Q H O S P Y R I A H U U R U V F
G L B A I C E L L A R J T T R X
```

ARACHNID
THORAX
LEGS
FANGS
COBWEB

TARANTULA
MANDIBLES
MOLTING
HAIRY
HUNTSMAN

RECLUSE
WIDOW
ABDOMEN
CELLAR
JUMPING

ORB-WEAVER
PIRATE
VELVET
SPINNERET
PEDIPALPS

Surfing Safari

```
D S P R N C Z E S D E T M W J D
V R E A N E E G F R P Q A A M A
W C A I D J O W C A O F V L O D
Z C Z O T D Q P H U X E E A X F
W I P E B O L S R G Y E R T Y D
G E G K A F O E J E J R I S Z O
G N A R L Y R B A F N Y C A J O
X U G Y B E T U D I K E K O J I
Q Y Q A S F B R S L O T C C A G
S F S I C A A S U N S C R E E N
P F N X L O R M T I U S T E W H
Y O H A B E Y A R P S T D S Z N
P E N G F F I U B O I T J H Q V
K C N R J Z H W X X E U S V O E
E O U B T E J U Y U D R X M U Y
L S R P L E J I W J Z L C D G C
```

SURFBOARD
SURFER
BALANCE
WETSUIT
NEOPRENE

BOOTIES
COASTAL
LIFEGUARD
FOAM
EPOXY

RESIN
LONGBOARD
GNARLY
MAVERICK
PADDLE

REEF
SPRAY
SUNSCREEN
ZINC
WIPE

Slithering Snakes

```
E V A S F R E S T G V Y N S R M
L K P E E O H O N Z E G H C U H
A S A T L E R I R C N O Z A U O
A N R N D I T K O H O L E M D
C A A D S A T B E G M O N E R D
G I I C L E R P A D O T O S H V
T N K U O A L M E Q U E H R U E
G K D E G N B T W R S P T S M K
Q N E G G S D A T N U R Y A A K
U C O I L E D A B A N E P O C
O B L S X U L M Q M R R Q B V R
G N I T L O M A U Q A T T A C C
U D K O N T F L C J Q M R Y N O
R E P I V C O K W D R R L S P H
U J R X M T G K Q A R N I A Q A
K I N G S N A K E W G S Z V F G
```

PYTHON	GARTER	VENOMOUS	MOLTING
COBRA	MAMBA	COILED	REPTILE
VIPER	BOAS	EGGS	SCALES
ANACONDA	ASPS	FORKED	SHEDDING
KINGSNAKE	RATTLESNAKE	HERPETOLOGY	UNDULATING

Let's Play Soccer

71

```
R F Y Z F H B E F W Z U Q C H D
S E U M Z D X H T R M A L G A R
T R F L P O S S E S S I O N L A
S U E E L S F P N C V A B F F W
T E R N R B E M E F L S F W B R
A U J F R E A D T I D O N V A O
D I E L K O E C E I K I C K C F
I E W L D F C D K C S O K Z K C
U Z A A B O L H I K O U E H R E
M O U W S B A K E P D O A K A O
G Q I P J N I P E N A L T Y W M
S I X F D Q L R D Z J L H S Y T
N Z V L L B X M D C F D C Z H V
F L I T E N F J Y E R A A A M N
I N D E D R A C W M E F O S Q X
G S P H S M R O F I N U C O K Z
```

COACH	FORWARD	HANDLING	SQUAD
NET	FULLBACK	POSSESSION	TURF
GOALIE	HALFBACK	PENALTY	UNIFORMS
DRIBBLE	GOALKEEPER	REFEREE	CARDED
KICK	KICKOFF	STADIUM	CORNER

On The Reef

```
O Y H K H C R S E F I A A P T F
E X S B R U Z M Q F Q C Q S R W
Y T I S R E V I D O I B E I O Q
L M F W M R S O A D G I N V P I
M S I R U O T L I T N G Y M I I
G S A K K D G F N O I J W R C Z
L N H N Z A I M L N H U E X A J
S L I O E C S O G A C W E G L O
A E O L A M C R S P A W N I N G
D H G T E L O F K J E S O P X R
F J I N A K S N P Z L E Y E E C
Z O J K O H R I E J B L H I D O
N P O L Y P S O Q S E T R Z B R
S K C O R E S Z N P G R Q S H A
Z P T P Z C C K F S A U M Q W L
X R T Q L M C M G B V T Z D P R
```

CORAL
POLYPS
ALGAE
BIODIVERSITY
COLONIES

FISH
SHOALS
ROCKS
SNORKELING
SPAWNING

TOURISM
SPONGES
ANEMONES
TURTLES
TROPICAL

ACIDIFICATION
BLEACHING
ATOLL
FRINGING
BARRIER

Staying Healthy

```
E M M O W T I D V I S X S L B T
S V A R D N S A O T Z S L A R H
L Q E L J Q C E E C E J K T O E
U M V U A C Q T R N T K J I K R
P S R M I D H N L D N O M P E M
K Y N N H O I L O H E O R S N O
K Q E Q S U I E J I F B R O P M
L S Q C T I P E S I T N A H Y E
J O O N Y U F E Z O B C G D J T
B P B C S T N E I T A P E J S E
E F E X I I E S R U N L K J T R
P W Z Q C D O K L D D Q S D N P
B G K I K Y E Q G D A C Q D I I
B T D P W K T M Z V G F Z D L U
E E S I C K N E S S E A N H P Z
M S U R G E R Y Z W S X L S U
```

HOSPITAL SICKNESS MALADIES   PULSE   PATIENTS
NURSE   BEDREST   BANDAGES   VACCINES
DOCTOR   BROKEN   ANTISEPTIC INJECTION
MEDIC   SPLINTS   THERMOMETER ILLNESS
MEDICINE INJURY   STETHOSCOPE SURGERY

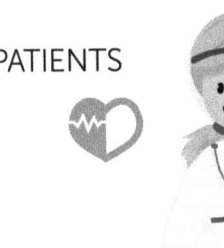

The Spice Cabinet

```
Q U D H K M H Y P I Y A L E Z W
B Q P S G F R Z A N M G I C Q U
G A E Z P A N F R U T H T I Z J
A A Y C M D T A S Z Q Y G R Z Q
O D R E I F P T L K D P O O J Y
L R S L P P A F E N N E L C L X
A O E R I R S L Y L J S L I I D
R N D G D C I L A N T R O L S C
E N E N A F S S L A K I R P A P
N C U B C N E R N A E X G V B U
N O S J R V O U E M C U M I N G
E N N O O E T X Y P Q O G U L G
Y I F L B M V H K D A J G D F K
A O C P E Z T J F T A C D P R J
C N X G D U X X P I Y Y C A K C
C S Y R E G N I G E R E Q N N G
```

CLOVES   ALLSPICE   THYME   VERBENA   CILANTRO
BASIL   LICORICE   CUMIN   GINGER
FENNEL   OREGANO   MUSTARD   CAPERS
GARLIC   PARSLEY   PAPRIKA   BAY
ONIONS   ROSEMARY   NUTMEG   CAYENNE

Let's Get Cooking

```
E X J B H K L S M Z N M Y T A
S I M M E R L I I F A T O L U
B L I F G I I Q O R P N U P C
X L M P C N G R I B G T P M F
W Z A I G N I N O S A E S I D
S H N N I Q A T X P S O R N A
E G I C C T B A S T I N G C G
V W I S I H W U G A Z K E I N
I D I N K S E G J N O L H N I
N J G S E P I C E R I R H G P
K F T P R O V U O F M Y F A P
O E D L Z O G I C V O Y R X O
Q V R L Y N W E T S D X T F H
C B Z I M J Z O D M P O I P C
E J O M Y Z C Z O G P G N W N
```

SPATULA
FRYING
BASTING
ROASTING
PAN

POT
STEW
BLANCHE
WHISK
SPOON

TONGS
MARINATING
MINCING
CHOPPING
DICING

KNIVES

SLICING
SEASONING
RECIPES
SIMMER
BOIL

Flying High

```
S H K L P T W Y S L R B H A A
K I A F E P I A B A N U E B R
H R S I M A O G L B O T A D E
I G A O R O F L E C O T N O T
N A T M H S I W C R C E N M P
D I U P L P T H I O O R E E O
O Y R W R A R R R N C F T N D
E O I E U Y T O E E G L N Z I
M N T N S Y F E M A P Y A X P
G A R A C J U A M A K P K O E
C I L S W A L L O W T A I L L
L I S I C S O B O R P E F K E
S H C R A N O M M E N X M S R
P D X J W C O P P E R F E H E
M I L K W E E D C G X Z H I B
```

BUTTERFLY CHRYSALIS PROBOSCIS HAIRSTREAK TIGER
HIND ANTENNAE MILKWEED SWALLOWTAIL
WING LEPIDOPTERA MONARCH METALMARK
ABDOMEN METAMORPHOSIS MORPHO COPPER
COCOON CATERPILLAR SKIPPER LEAFWING

New Year's

77

```
A Q H S G H B B M E D N C Y X
V N T R T N A L N R C O O S B
C A T D R L I G V E V I N L N
H A V I L A A N L H S S F A O
S I L O C P E E E E X E E U I
S T O E M I B W I V I M T T T
T N S A N R P T L X E A T I U
S F H A A D R A K A H K I R L
I C I T O A A S T I M E Z U O
L Q I T P T X R Y I S R N K S
Q O D E C E M B E R O S O F E
N Y R A U N A J R D C N I F R
P A R A D E S A A Z V A O N Z
S E I T I V I T S E F K Y G G
W A H N G N I W O L G F R Q V
```

DECEMBER	ANTICIPATION	TOASTS	HATS	BALLOONS
JANUARY	RESOLUTION	PARTIES	GLOWING	
EVENING	LISTS	PARADES	CONFETTI	
FORMAL WEAR	RITUALS	NOISEMAKERS	CELEBRATION	
CALENDAR	CHAMPAGNE	KISSING	FESTIVITIES	

Let's Go Climbing

```
E R L E R S T Q E E C O S G C
V X O E T E E M M P T O S R B
A E P C M I O L H K P J E S O
C N H L K D T R O A Z V G N O
Q D E U O S F C S H I G D I T
M H D J U R L S A C G T E A S
N R E V A C A H E L D Y L T L
T N C N W G S T E N A A M B
E F J Q E I H M I A O T N U M
R Z A W N T L O Q O D Y S O D
R B A P W N I P E X N L N M M
A Y E T I M G A L A T S A A U
I O D T H G H S P M A L O M C
N L I M E S T O N E M L A Z P
F M N V U O Y X X Q C L I F F
```

CLIFF	ROCKS	FLASHLIGHT	HOLES	LIMESTONE
TERRAIN	BOOTS	LEDGES	CREVICE	
MOUNTAINS	CANYON	HEADLAMP	PASSAGEWAY	
EXPLORATION	CAVE	LAMPS	STALAGMITE	
CAVERN	DOME	HELMET	STALACTITE	

Old Owls

```
A D C B V A N S J F S R N Y V
G N I L H C T A H P L O P M N
D Y E U N G D B O Q C T N G E
B S N R F E N T J T H A S Y A
Y O A W N S E I U Y A D N P S
C B R R A E U R W Y E E O T C
R M O E R T N E U O G R L U R
R H U T A A B O H X R P A F E
H M O T L L L Y H S J R T T E
T O G A O R I Y W O N S U S C
K E O W W I N G S P A N P B H
W V L T C N K D E T T O P S K
P E V L I M I P E X Y F G E Z
T O Z U E N N V H O D U N P E
H A W K S P G B A R R E D H A
```

HOOTING NOCTURNAL WINGSPAN BURROWING PYGMY
PELLET HATCHLING BARN SCREECH HAWK
TUFTS OWLET HORNED SPOTTED
UNBLINKING TALONS BARRED TAWNY
PREDATOR TREETOPS SNOWY BOREAL

Let's Learn Geometry

```
M J N S A J N A C E Z T P A E
F E H C U O A I V C T C L Z Z
V O U Y G I R U E N O E A R S
A T R Y P C D L I E B S N E T
E Q L M L O G A T R T I E C E
S O R E U N T R R E U B N T S
P Z G E A L A E Z F S E P A U
E N I L D P A X N M E Y W N B
P E R P E N D I C U L A R G M
D T E Z B E T B P C S I B L O
H A O D E N J L S R B E Z E H
U I E R A U Q S Y I M B M D R
D P Y R A M I D D C P O I N T
E L G N A I R T F V X T R T N
T O T N X S R E C Y V F S G M
```

ANGLE   OBTUSE   RHOMBUS   RADIUS   FORMULA
LINE   CIRCLE   TRAPEZOID   CIRCUMFERENCE   PERPENDICULAR
POINT   TRIANGLE   POLYGON   AREA
PLANE   SQUARE   PYRAMID   HYPOTENUSE
ACUTE   RECTANGLE   CYLINDER   BISECT

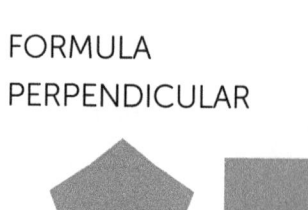

In The Band

81

```
R T X J L F I V P Q X Y J C G
E C I E E Z R Q I M Y M E R Y
H F Q M I B A N J O L L F U A
T L Q D P A H A R M O N I C A
I U U S S A B C S E P Q F C D
Z T T B N A N U N F H H M R E
E E L O E O C I O U O A U L D
Y F T X K L R C Z O N M E F R
S K E A C U G G O D E L V I E
P I C C O L O N O R U I G D P
J C T B L E P L A K D U V D I
N Z M A G S I R U I I I F L P
X A Q P R N D M A T R X O E G
T N I L O I V Z A H P T M N A
R E D R O C E R X C E G O T B
```

HARMONICA	FIDDLE	XYLOPHONE	SITAR	FIFE
DRUM	BANJO	VIOLIN	MANDOLIN	TRIANGLE
ACCORDION	HARP	UKULELE	RECORDER	TIMPANI
BAGPIPE	GUITAR	ZITHER	FLUTE	
BASS	GLOCKENSPIEL	TAMBOURINE	PICCOLO	

Merry Christmas

```
I Y X Q P O Z A D M L G L Z W
N A M W O N S E R P L A U O X
Y M G M C G T L J G A R F G V
S T N E M A N R O W B L Y C E
J B H C M H R O E N W A O E G
J X J G U T D O U J O N J G G
N C W M U W U T L R L D C O N
X E B R I A C N E S S S O O O
B U E L A R N E V U O Y A R G
G E L R A P D G T D T F L C O
G X L C G N P R E S E N T S T
X R K L I R H T O S L E I G H
U E I E S Z E R N E L G N I J
R C R H D V F V Z G E L V E S
S Z C U T X S I E F L P J E M
```

SNOWBALL
SNOWMAN
FROSTY
COAL
NAUGHTY

REINDEER
ELVES
SLEIGH
PRESENTS
WRAPPING

BELLS
CAROLS
ORNAMENTS
GARLANDS
EGGNOG

EVERGREEN
SCROOGE
HUMBUG
JINGLE
NUTMEG

GOODWILL
NUTCRACKER
JOYFUL

Visual Art

```
R J S W S R S P K E X W K O C
N O B K E C A A T S E W C L A
G P L S E I I T V A R I Z A R
I O A O N T E M V N T X K O V
S R U T C L C I A S A I O C I
E G I A A R N H U R N C O R N
D N O P C G E A I K E W B A G
G S L I O H C T E N S C H H A
L J M Y U N E D A O G O C C R
E S T N E M G I P W D Y T P T
A C R Y L I C R D E A S E L I
Y S F S C U L P T U R E K L S
K A L Q D A P E T O N L S O T
O S L F T Z T K I Z B C T H I
I V Z C O S F S B O S D K D C
```

ARTISTIC
PAINTING
CANVAS
EASEL
PALETTE

PIGMENTS
ACRYLIC
OILS
ENCAUSTIC
GOUACHE

WATERCOLOR
SCULPTURE
CARVING
CLAY
CERAMICS

WEAVING
DESIGN
SKETCHING
CHARCOAL
INKED

ERASER
SKETCHBOOK
NOTEPAD

To The Theatre

```
B A T V S A K E T S C N U K S
S A X R C U C X R M M R Z E E
R U C T A N R E U B U E N S L
J O O K E G T O R A E V S T O
D R T I S C E E H L E E T A R
S E D C A T H D T C S N S G P
H U B R E E A P Y O U U I E Y
A F A U A R I G D N A E T X D
K H K R T R I A E I L L A A E
C E S H C Q E D A E P S M O M
Y A W S F L T H E S P I A N O
L T H G I L T O P S A G R R C
T A L E N T S E N I L R D W H
T H E S P I A N S T F K J S Z
S E L S I A M F X F K Y R K S
```

ACTORS
DRAMATISTS
THESPIANS
DIRECTOR
APPLAUSE

BACKSTAGE
AISLES
BALCONIES
CHORUS
AUDIENCE

COMEDY
TRAGEDY
DEBUT
STAGE
LEAD

SCRIPT
LINES
ROLES
CHARACTERS
REHEARSAL

REVENUE
TALENT
THESPIAN
SPOTLIGHT

CONGRATULATIONS!

Wow! It sure was starting to get more difficult, but you pulled through and finished the job! You're amazing!

We really hope you enjoyed this fun workbook and if you have any suggestions for how we can improve this book, please drop us a review on Amazon!

And of course, if you liked the book, please leave us a positive review!

Thanks a million!

The Infinite Kids Press

Congratulations
Word Search Star:

_____

Date:_____   Signed:_____

Answer Key

LEVEL 1

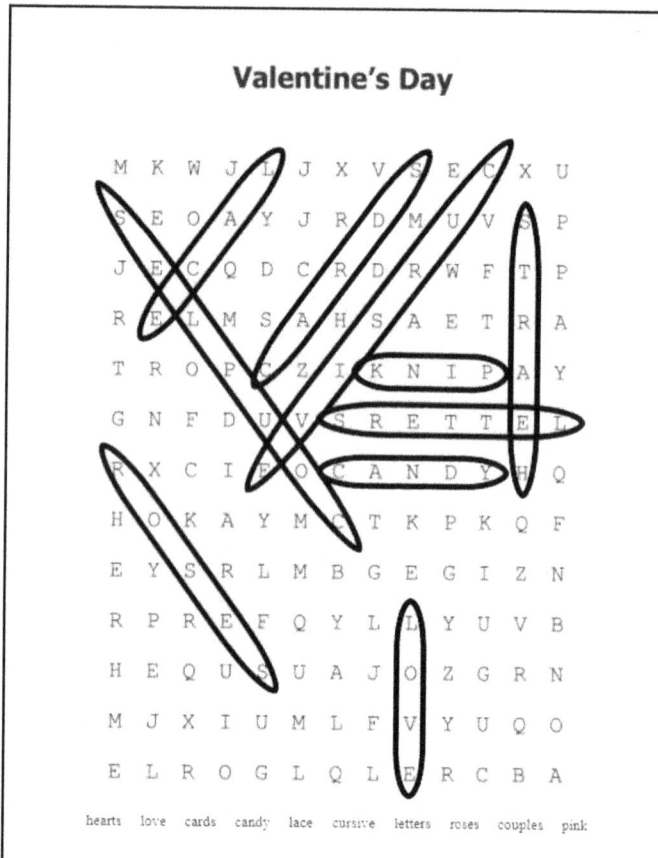

Valentine's Day
hearts love cards candy lace cursive letters roses couples pink

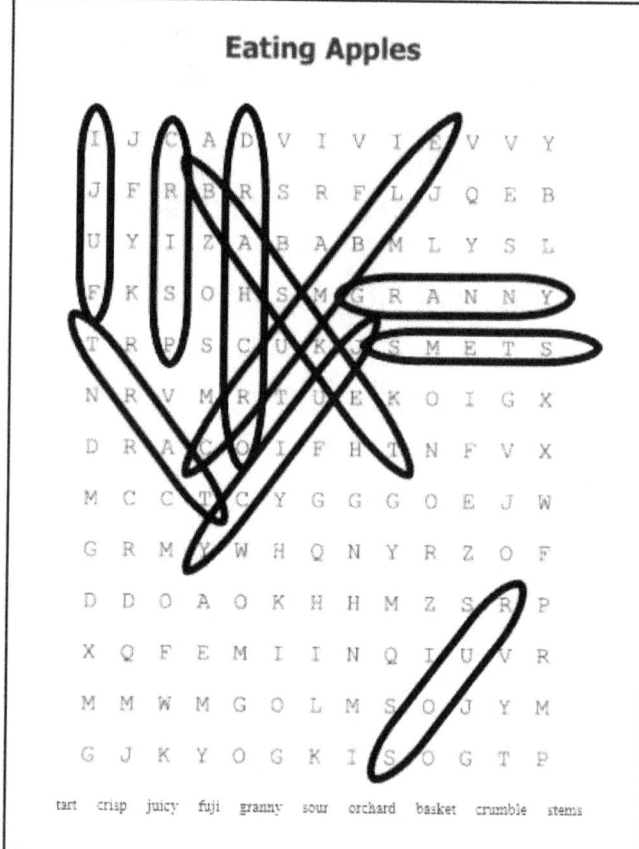

Eating Apples
tart crisp juicy fuji granny sour orchard basket crumble stems

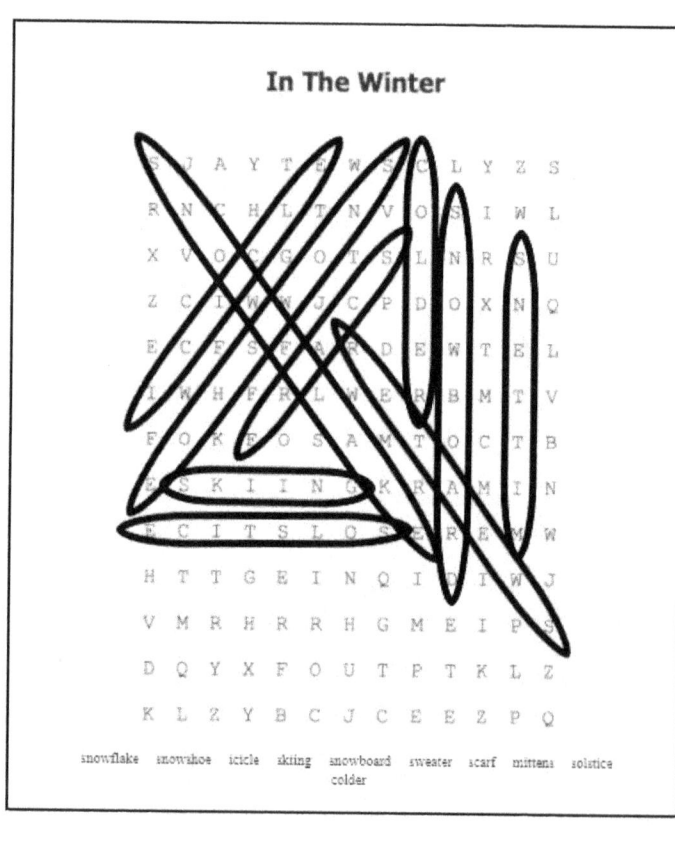

In The Winter
snowflake snowshoe icicle skiing snowboard sweater scarf mittens solstice colder

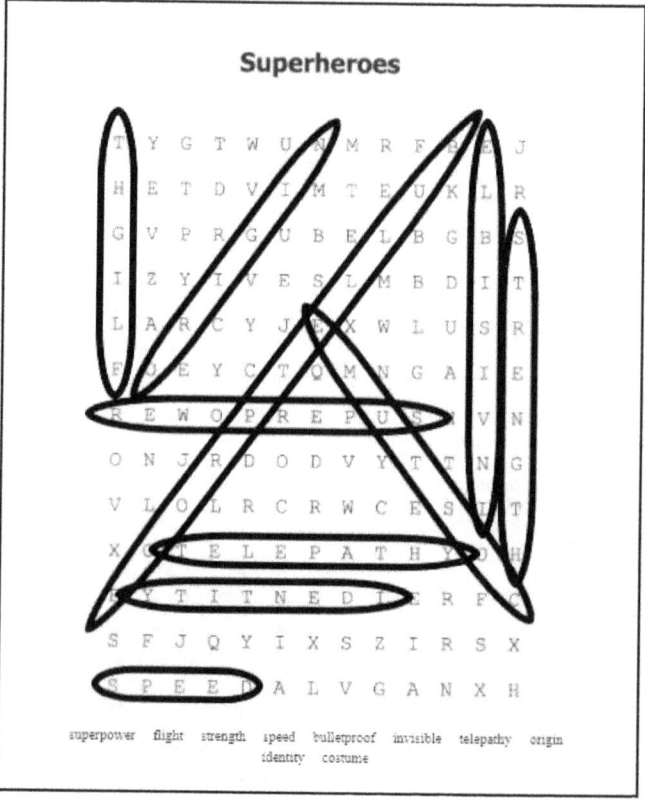

Superheroes
superpower flight strength speed bulletproof invisible telepathy origin identity costume

Answer Key

87

LEVEL 1

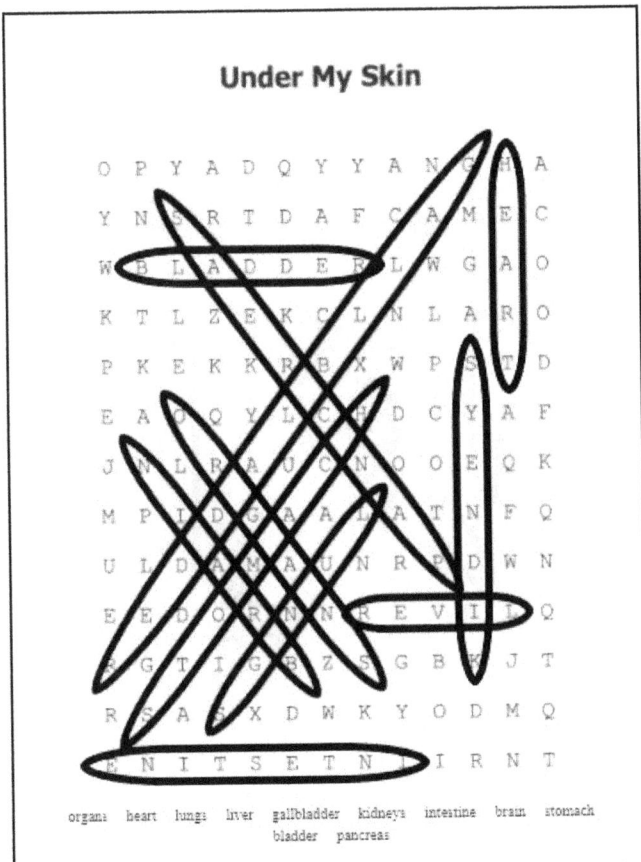

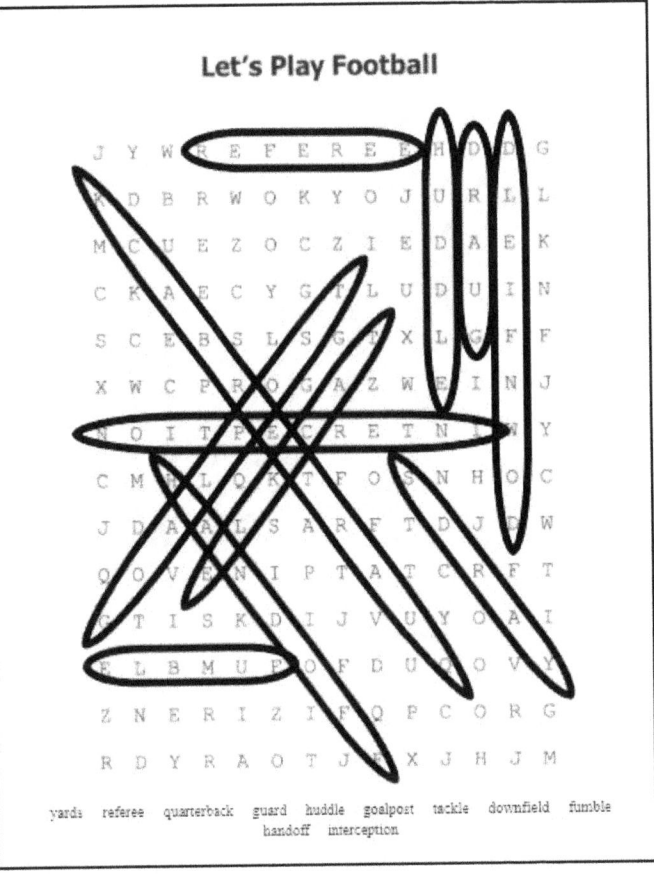

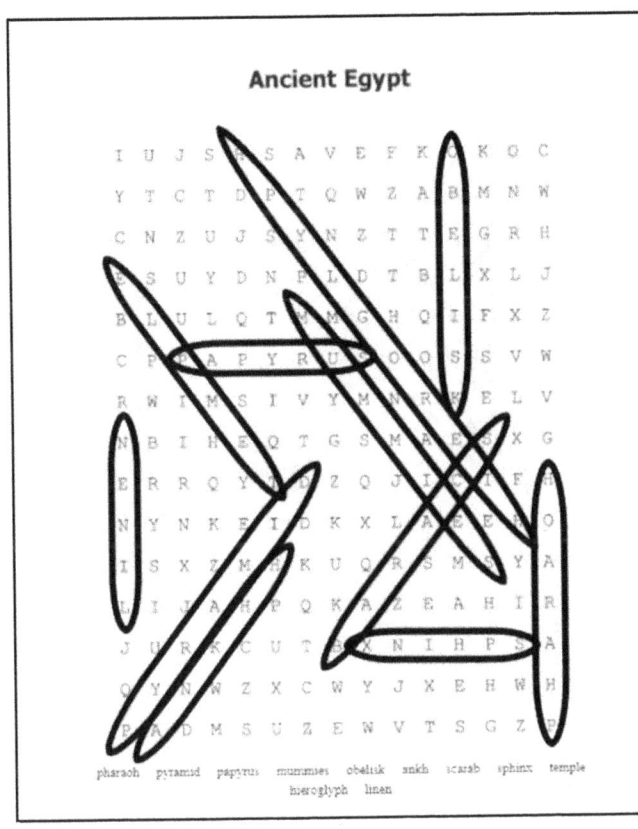

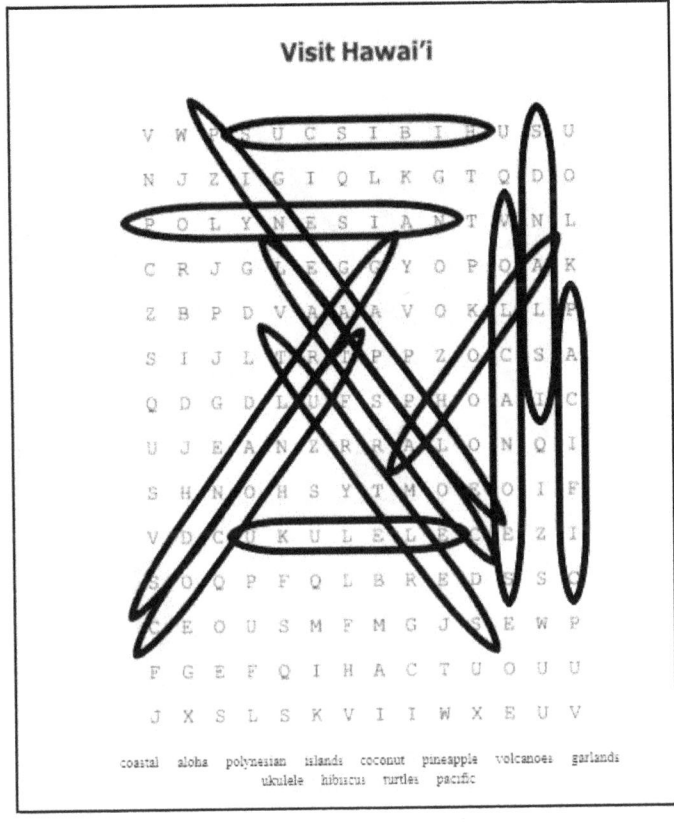

Answer Key

LEVEL 1

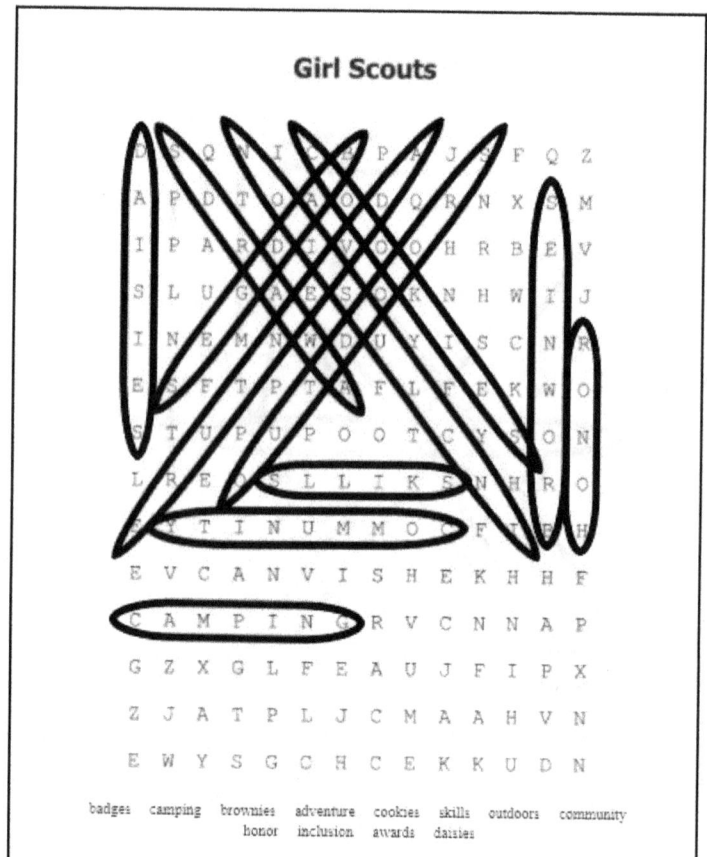

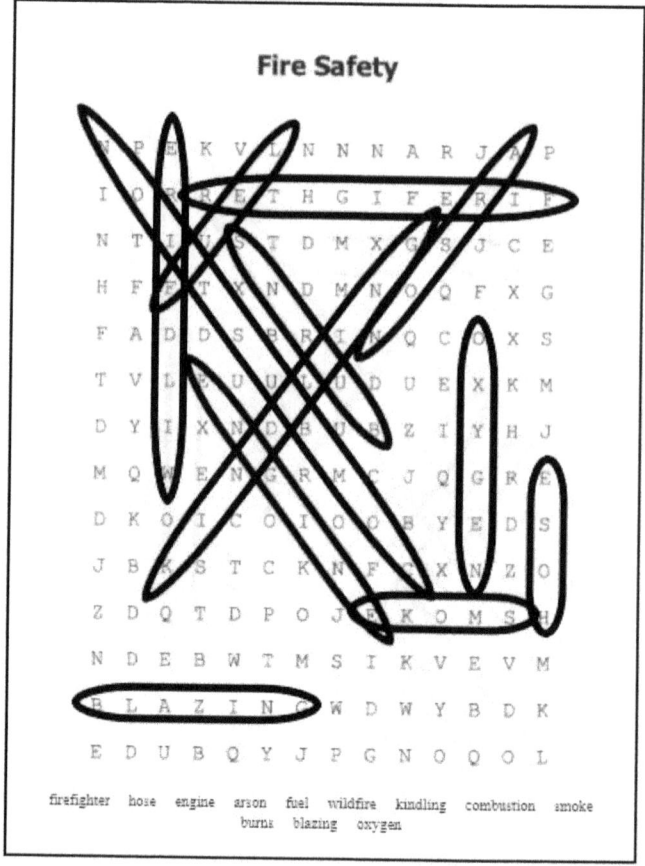

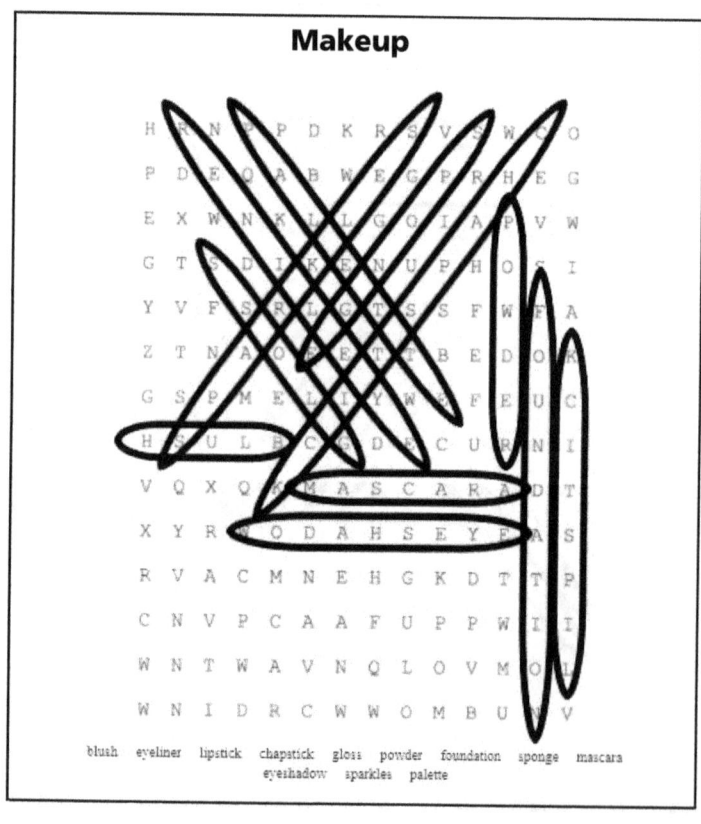

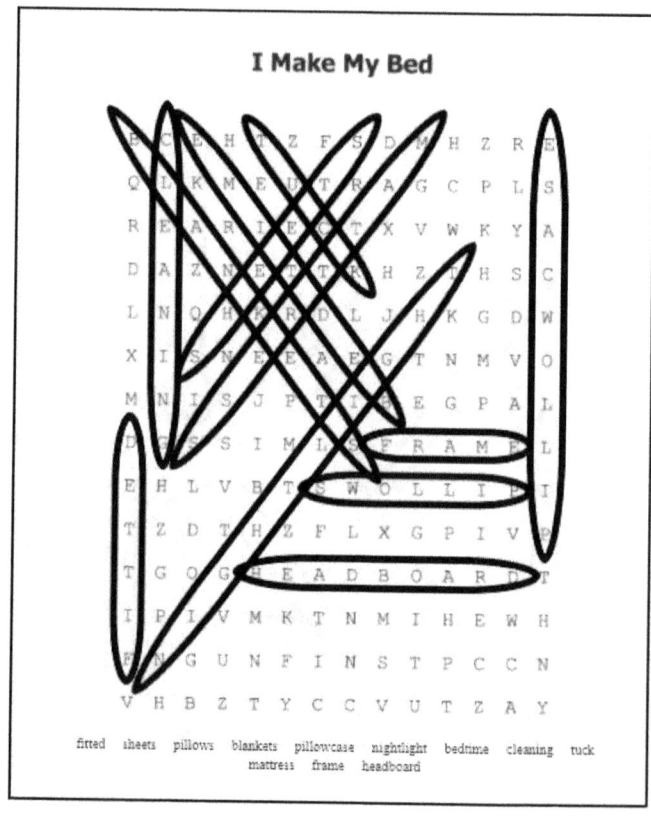

Answer Key

89

LEVEL 1

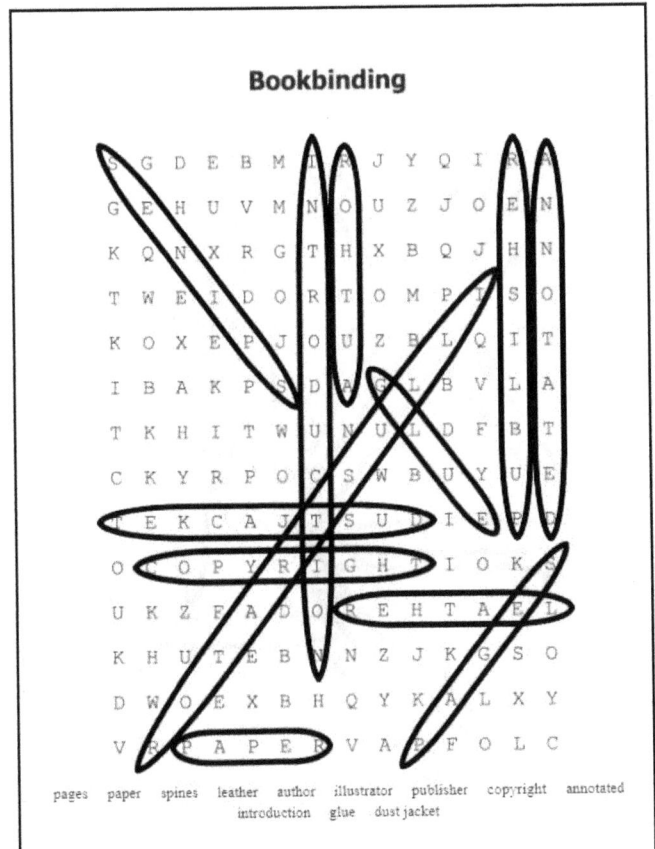

Bookbinding

pages paper spines leather author illustrator publisher copyright annotated introduction glue dust jacket

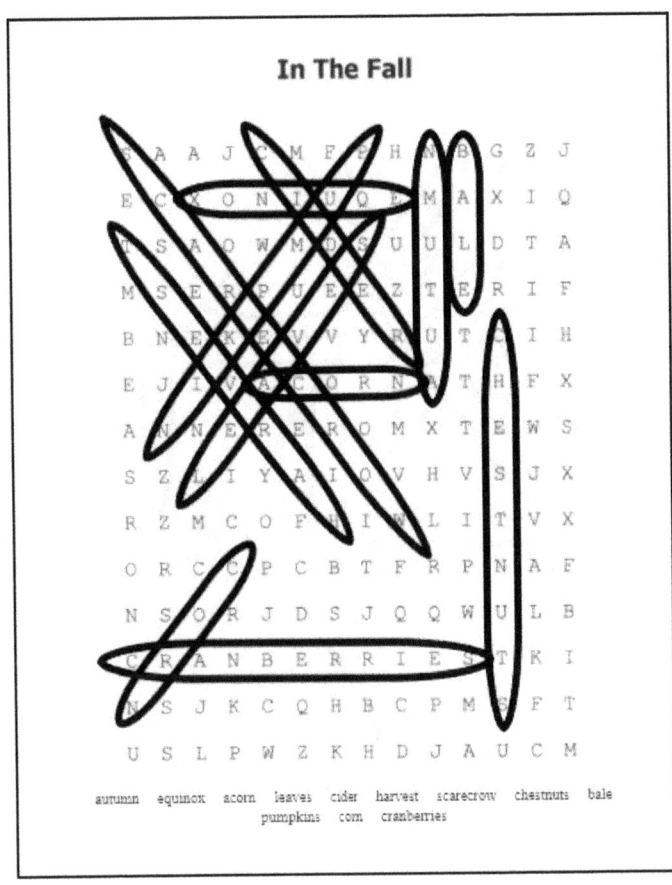

In The Fall

autumn equinox acorn leaves cider harvest scarecrow chestnuts bale pumpkins corn cranberries

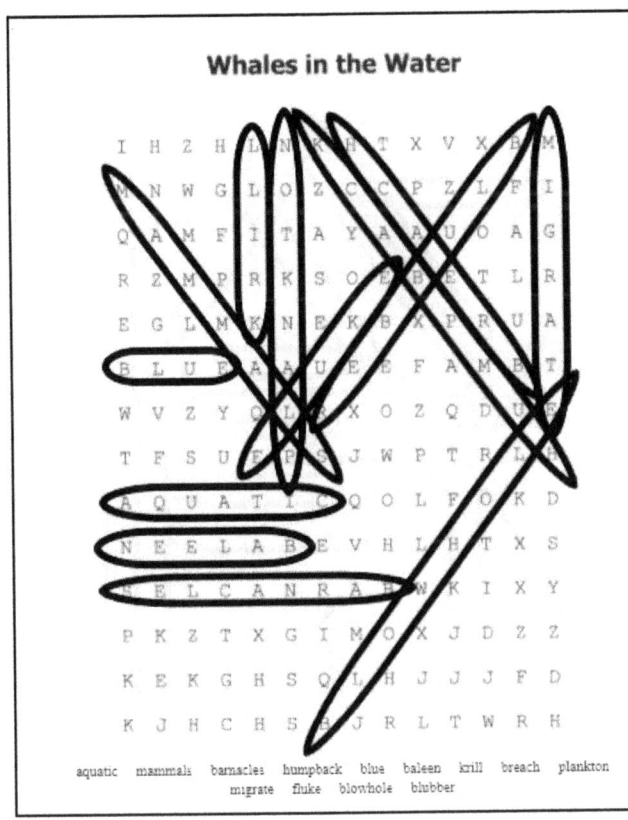

Whales in the Water

aquatic mammals barnacles humpback blue baleen krill breach plankton migrate fluke blowhole blubber

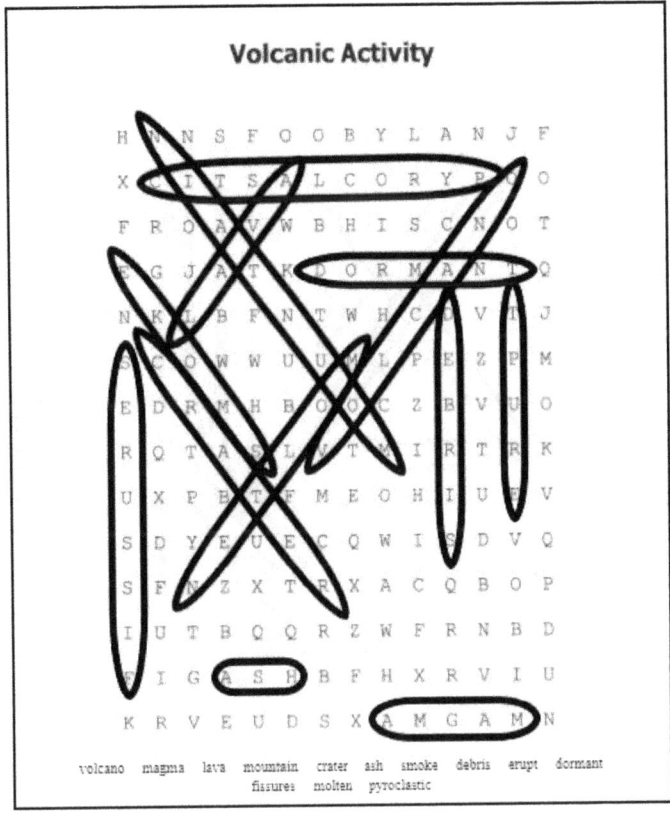

Volcanic Activity

volcano magma lava mountain crater ash smoke debris erupt dormant fissures molten pyroclastic

Answer Key

LEVEL 1

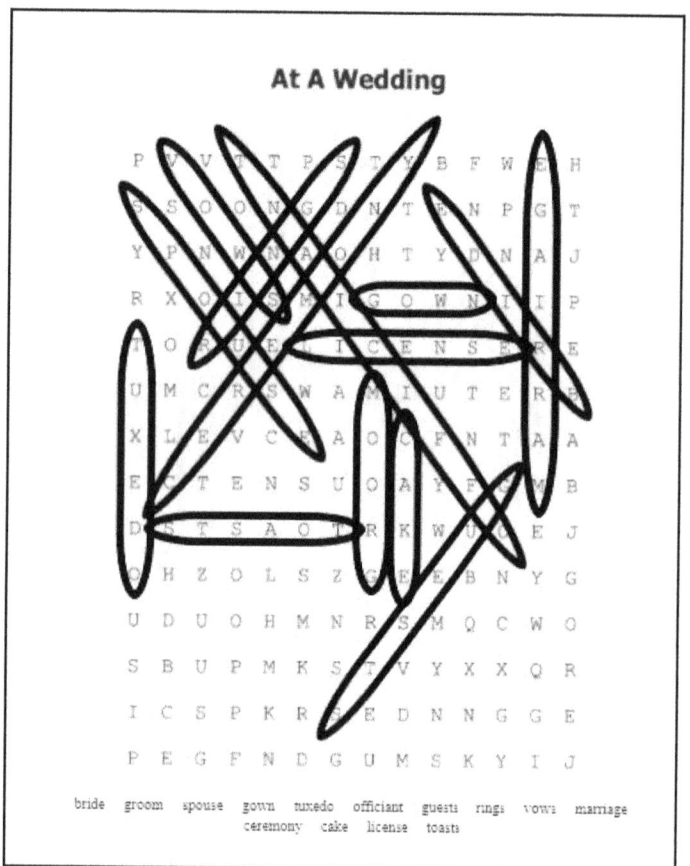

At A Wedding

bride   groom   spouse   gown   tuxedo   officiant   guests   rings   vows   marriage   ceremony   cake   license   toasts

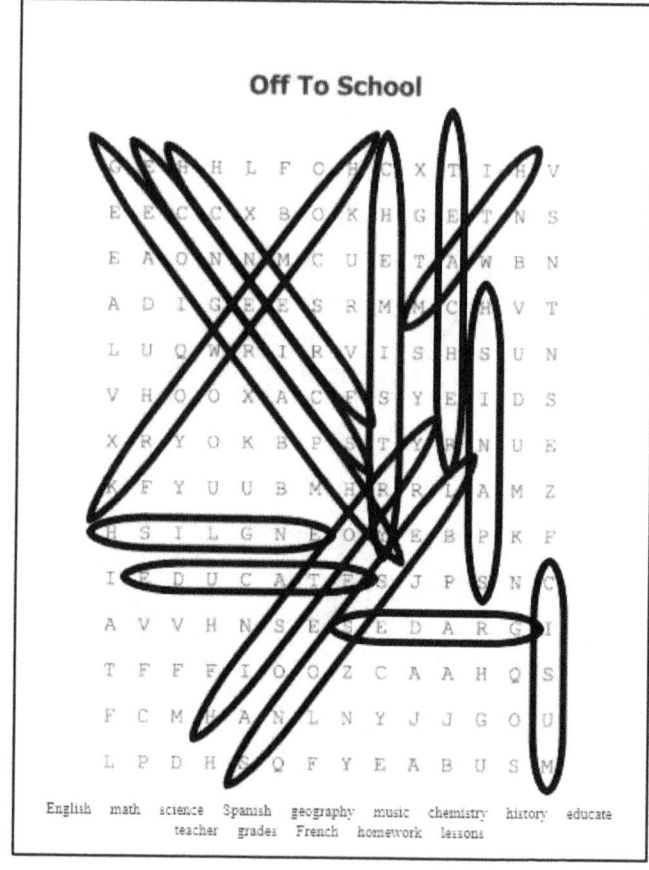

Off To School

English   math   science   Spanish   geography   music   chemistry   history   educate   teacher   grades   French   homework   lessons

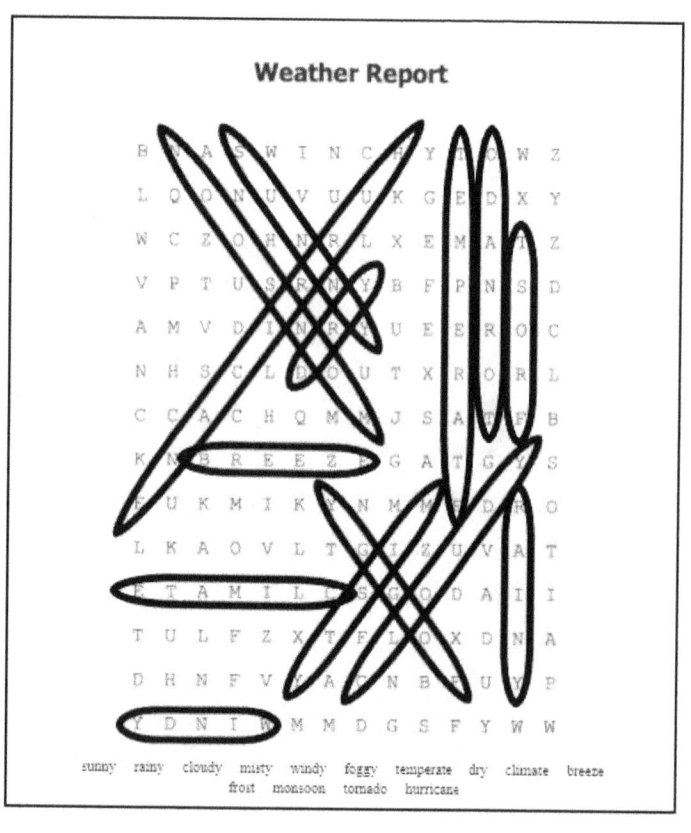

Weather Report

sunny   rainy   cloudy   misty   windy   foggy   temperate   dry   climate   breeze   frost   monsoon   tornado   hurricane

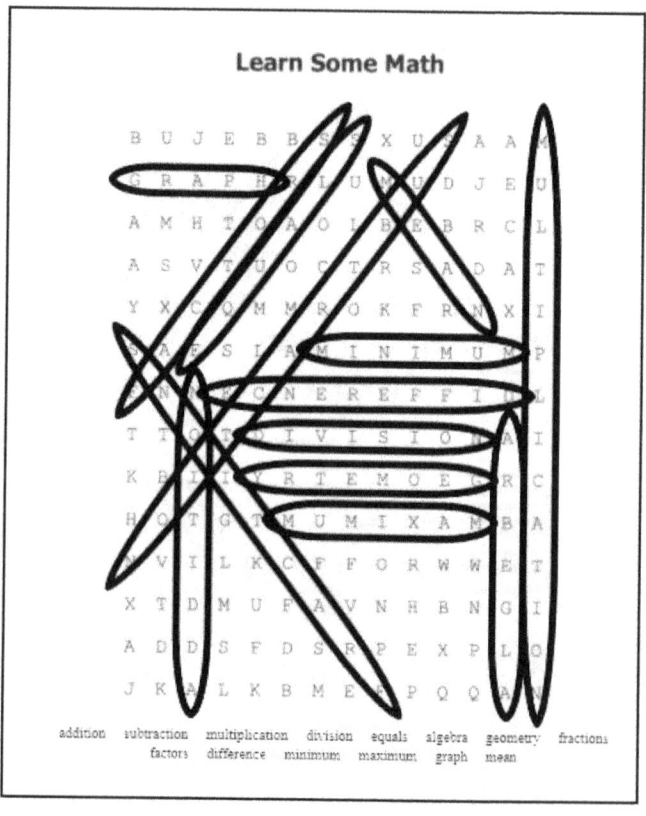

Learn Some Math

addition   subtraction   multiplication   division   equals   algebra   geometry   fractions   factors   difference   minimum   maximum   graph   mean

Answer Key

LEVEL 1

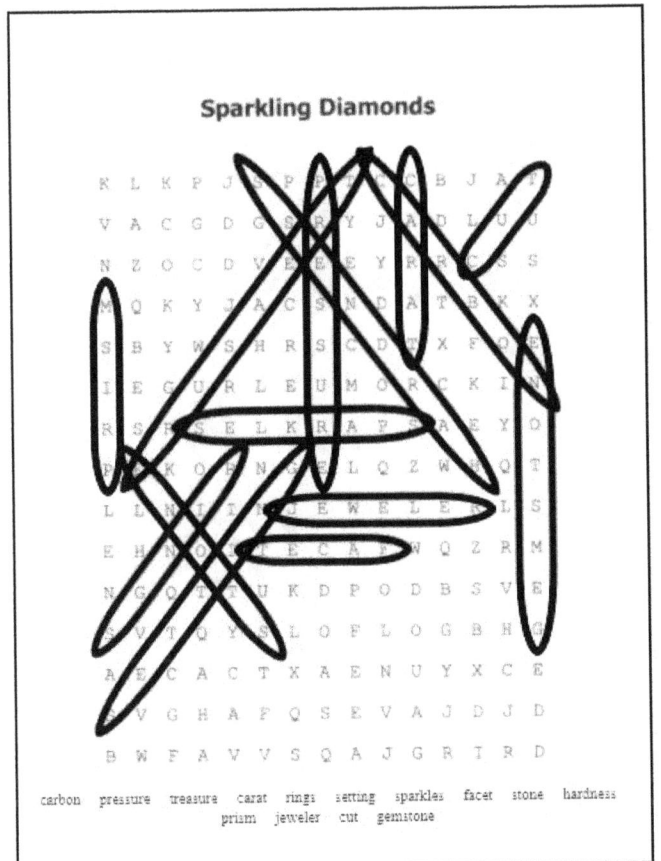

Sparkling Diamonds: carbon, pressure, treasure, carat, rings, setting, sparkles, facet, stone, hardness, prism, jeweler, cut, gemstone

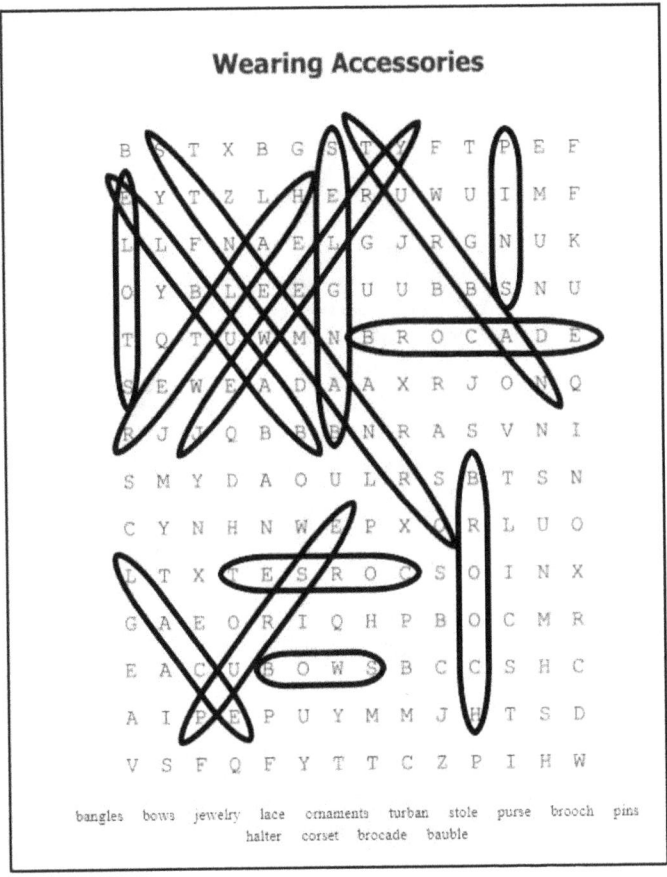

Wearing Accessories: bangles, bows, jewelry, lace, ornaments, turban, stole, purse, brooch, pins, halter, corset, brocade, bauble

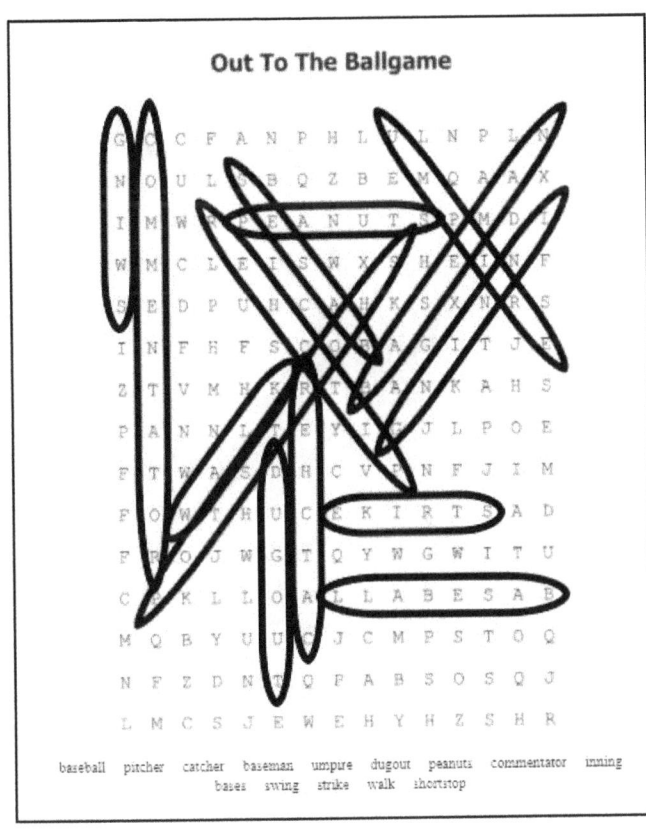

Out To The Ballgame: baseball, pitcher, catcher, baseman, umpire, dugout, peanuts, commentator, inning, bases, swing, strike, walk, shortstop

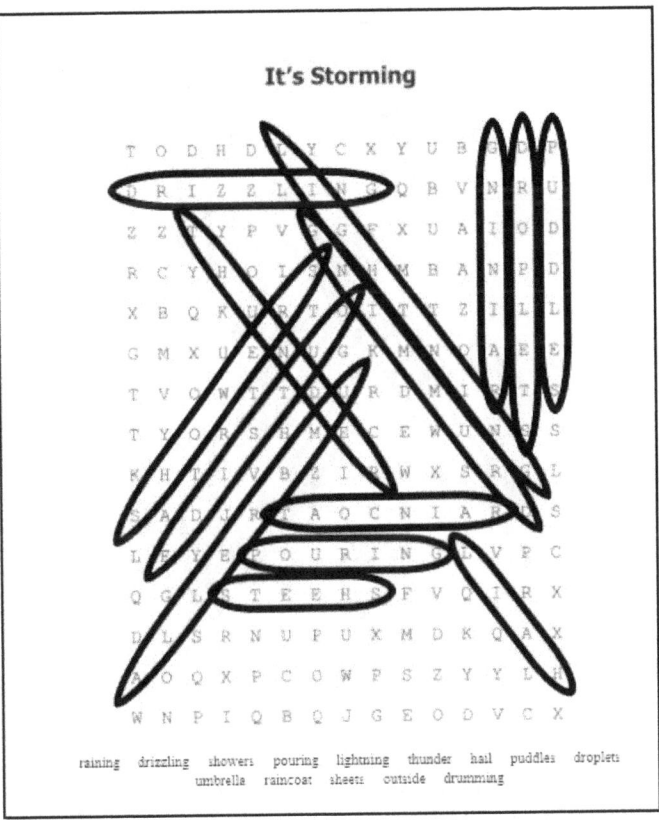

It's Storming: raining, drizzling, showers, pouring, lightning, thunder, hail, puddles, droplets, umbrella, raincoat, sheets, outside, drumming

Answer Key

LEVEL 2

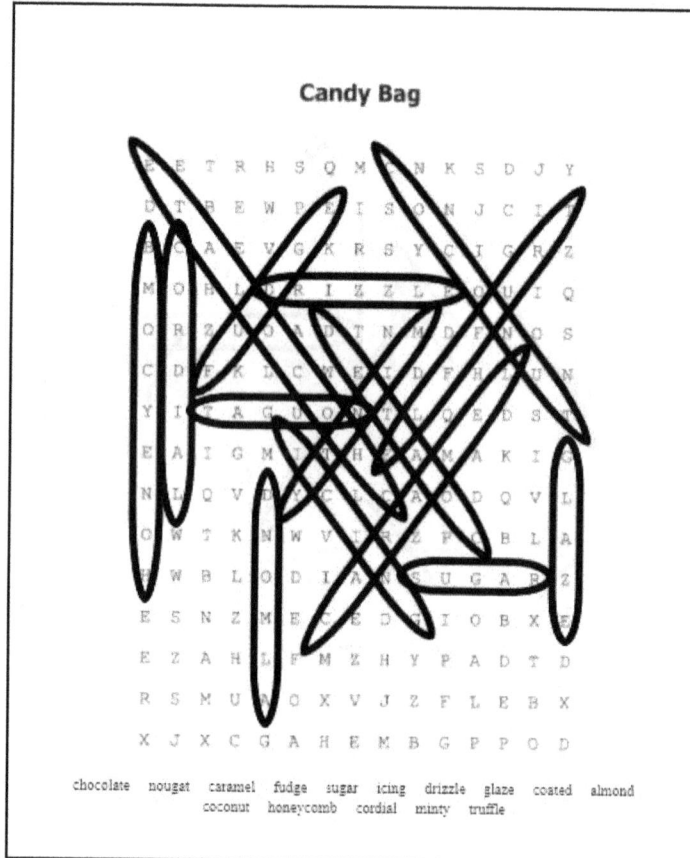

Candy Bag

chocolate nougat caramel fudge sugar icing drizzle glaze coated almond coconut honeycomb cordial minty truffle

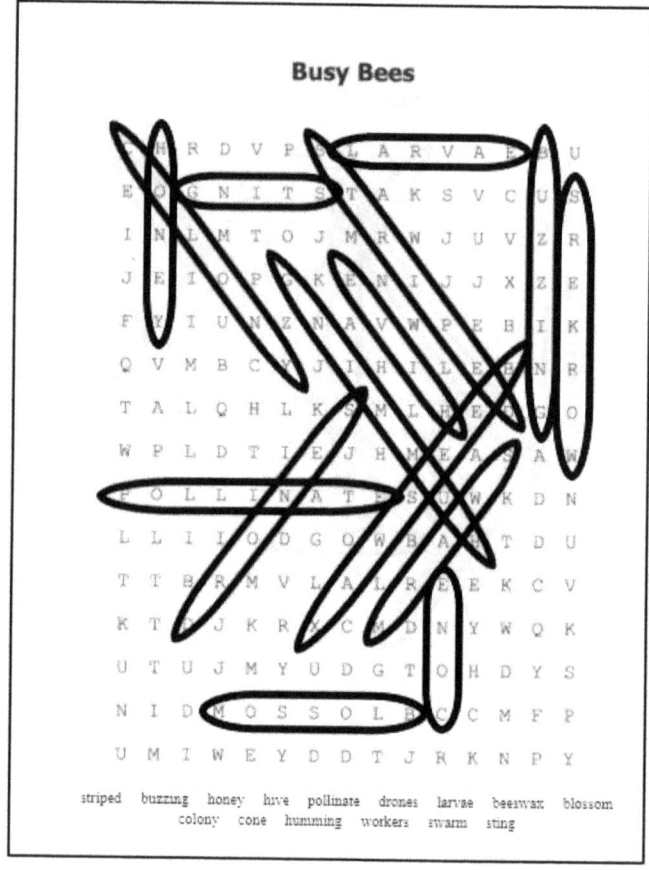

Busy Bees

striped buzzing honey hive pollinate drones larvae beeswax blossom colony cone humming workers swarm sting

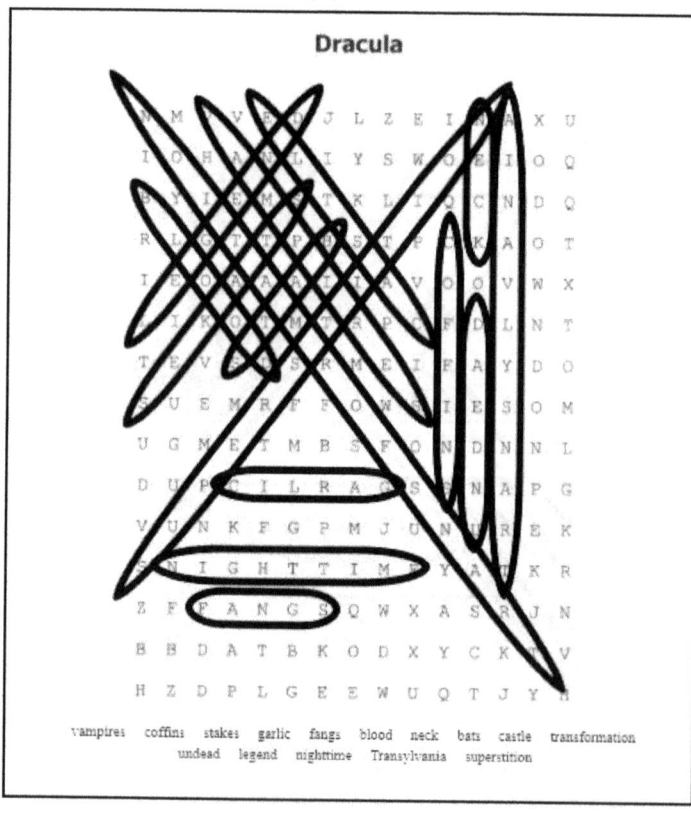

Dracula

vampires coffins stakes garlic fangs blood neck bats castle transformation undead legend nighttime Transylvania superstition

Eating Berries

chokeberry gooseberry blackberry blueberry elderberry boysenberry strawberry lingonberry cloudberry loganberry goji youngberry acai mulberry huckleberry

Answer Key

93

LEVEL 2

Using Electricity

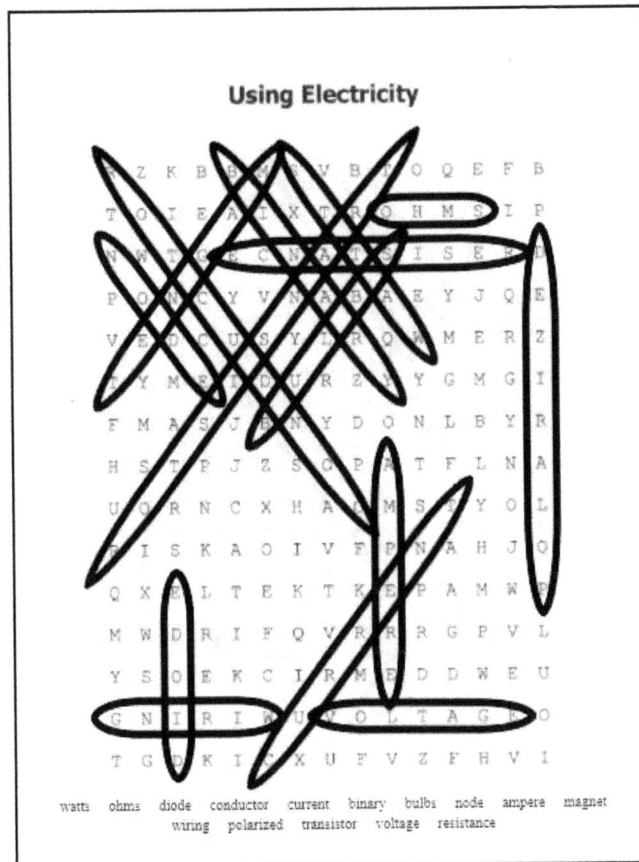

watts ohms diode conductor current binary bulbs node ampere magnet wiring polarized transistor voltage resistance

Let's Do Astronomy

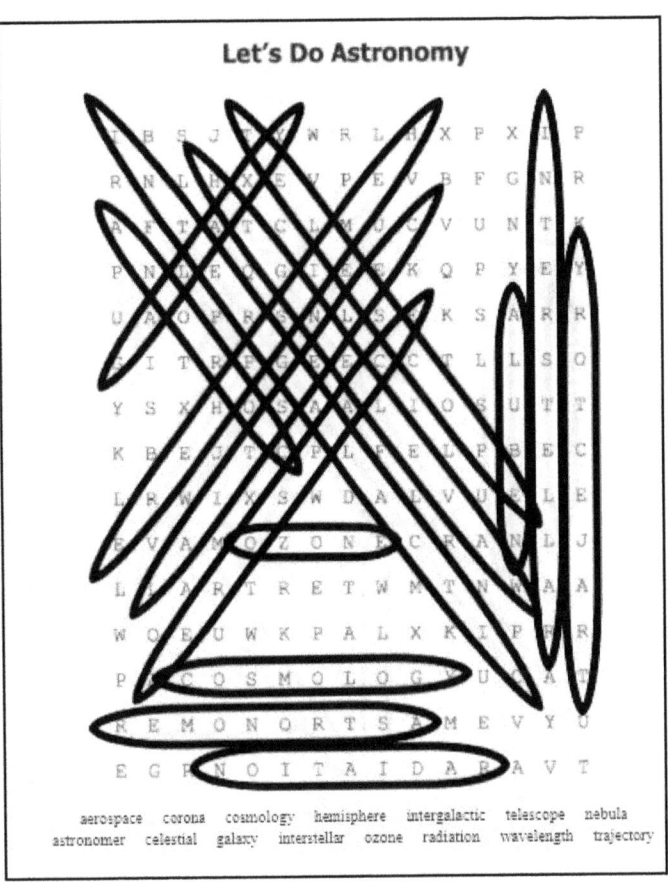

aerospace corona cosmology hemisphere intergalactic telescope nebula astronomer celestial galaxy interstellar ozone radiation wavelength trajectory

The Fourth

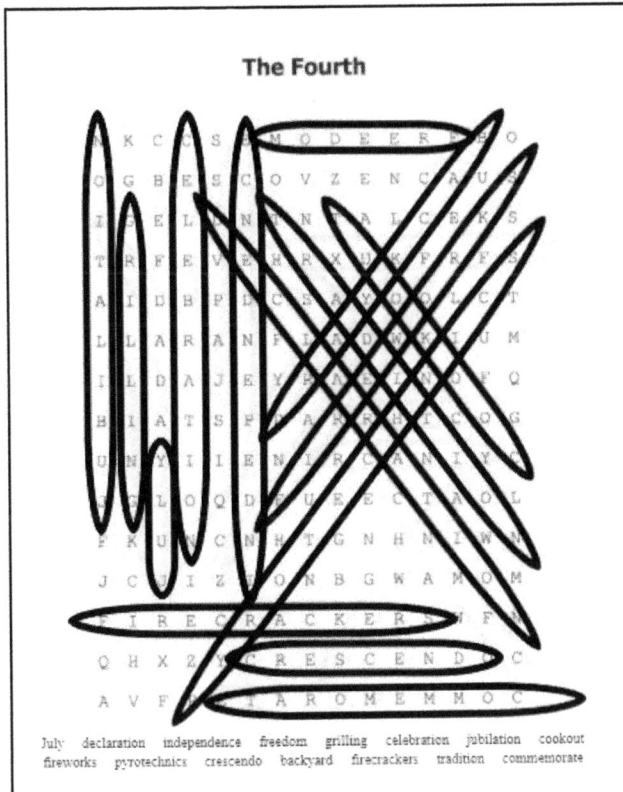

July declaration independence freedom grilling celebration jubilation cookout fireworks pyrotechnics crescendo backyard firecrackers tradition commemorate

Spooky Ghosts

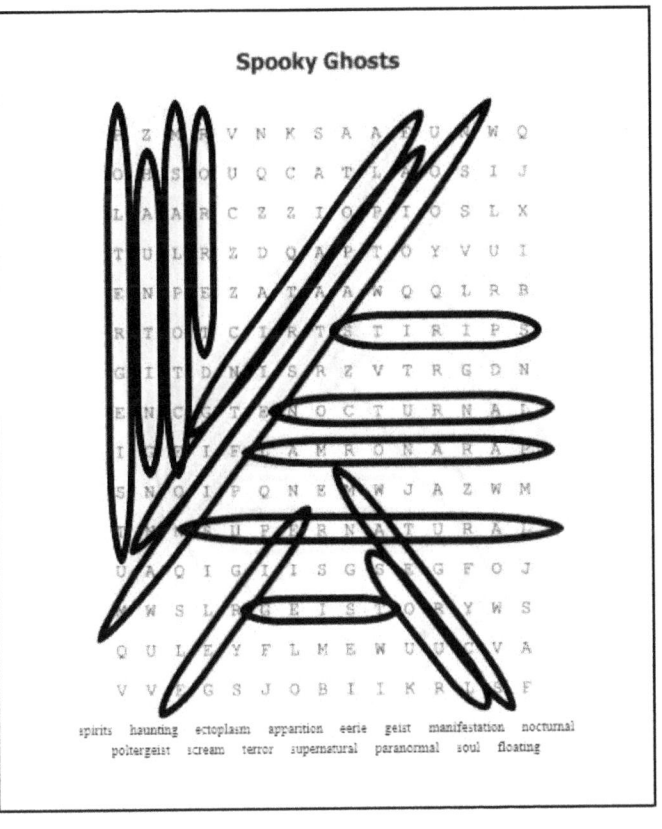

spirits haunting ectoplasm apparition eerie geist manifestation nocturnal poltergeist scream terror supernatural paranormal soul floating

Answer Key

LEVEL 2

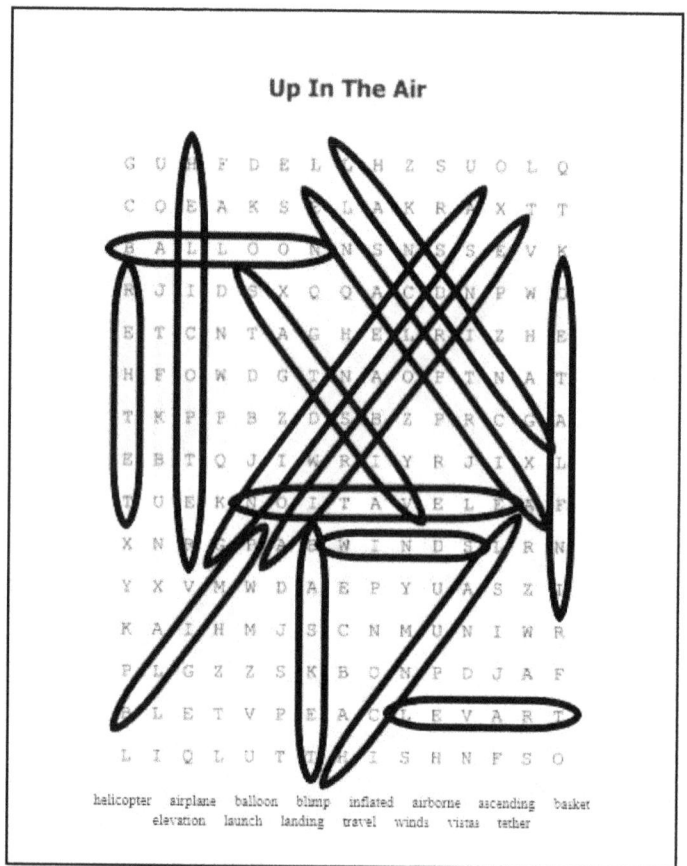

Up In The Air

helicopter airplane balloon blimp inflated airborne ascending basket elevation launch landing travel winds vistas tether

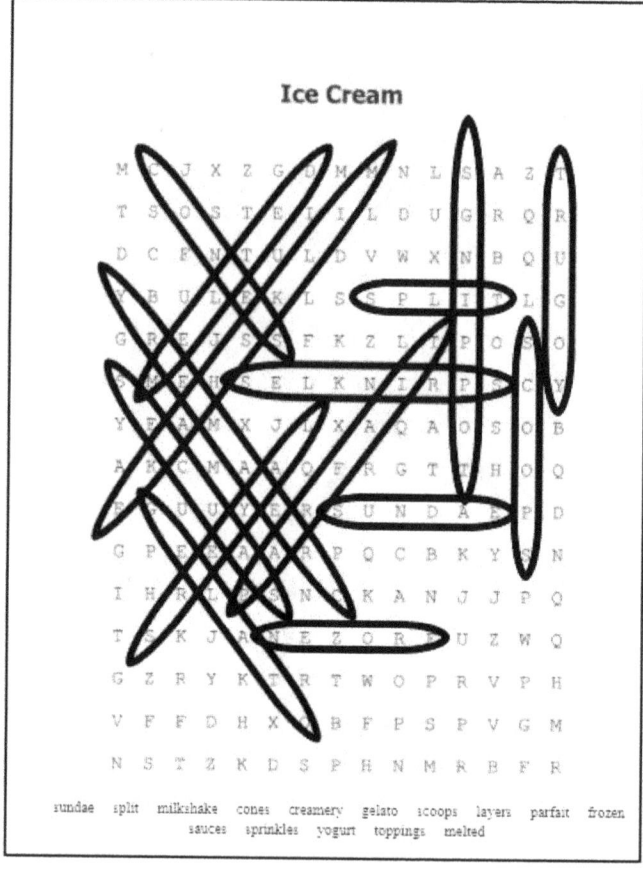

Ice Cream

sundae split milkshake cones creamery gelato scoops layers parfait frozen sauces sprinkles yogurt toppings melted

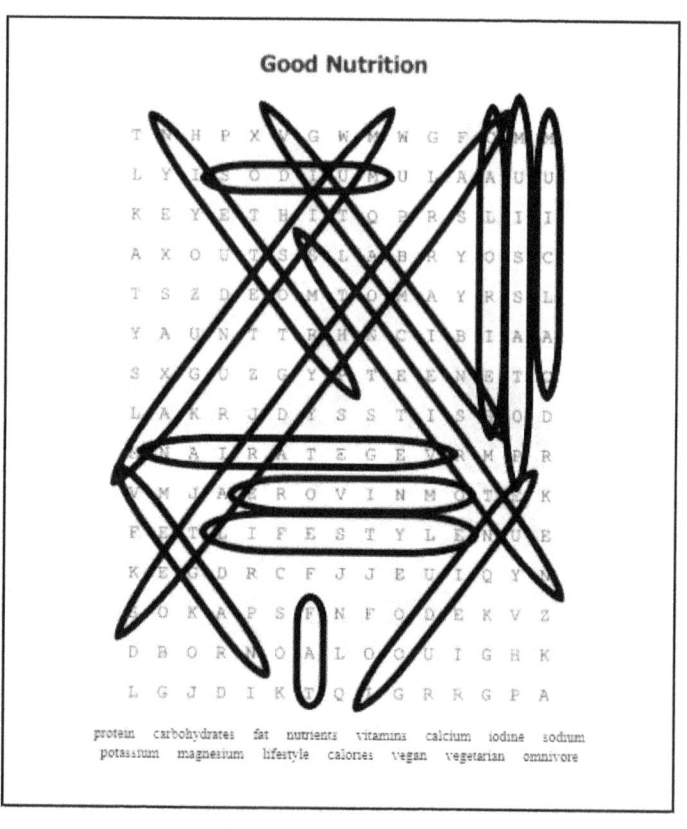

Good Nutrition

protein carbohydrates fat nutrients vitamins calcium iodine sodium potassium magnesium lifestyle calories vegan vegetarian omnivore

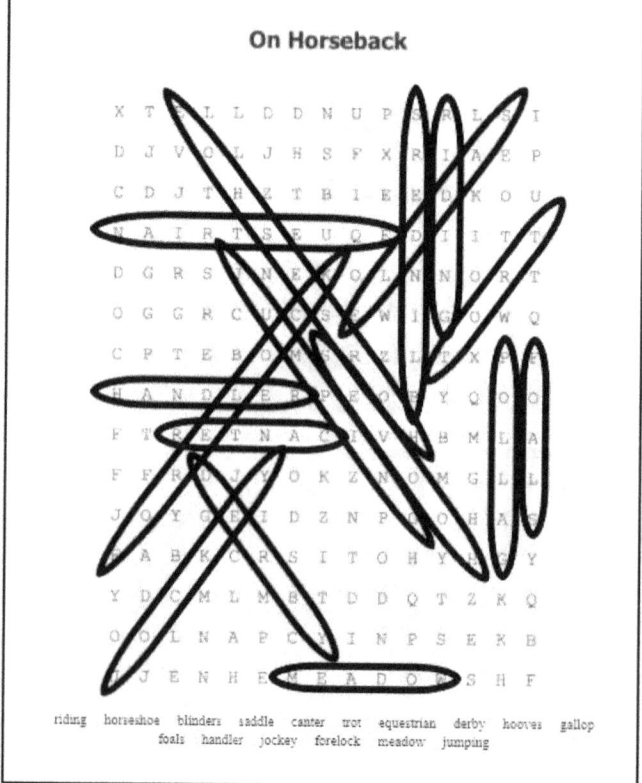

On Horseback

riding horseshoe blinders saddle canter trot equestrian derby hooves gallop foals handler jockey forelock meadow jumping

Answer Key 95

LEVEL 2

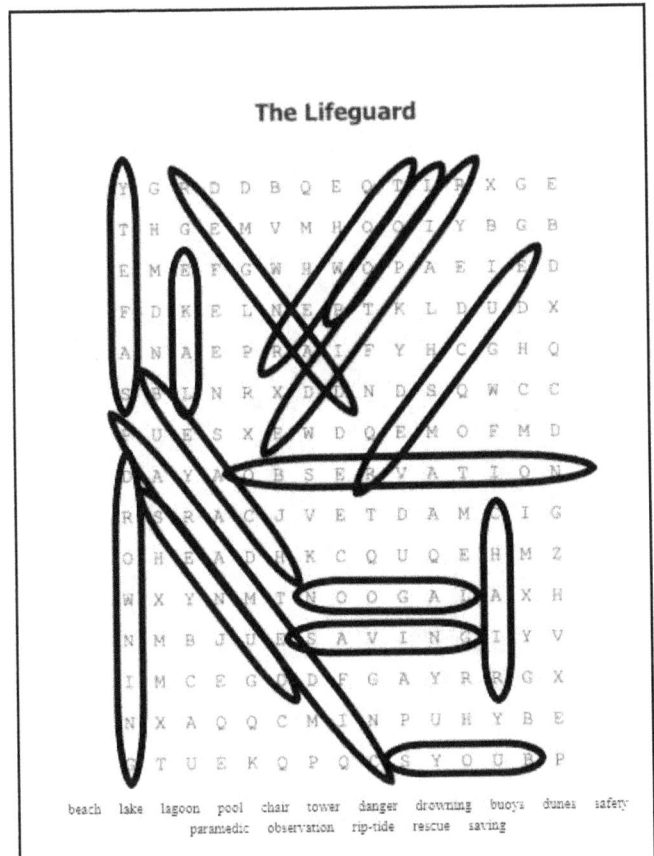

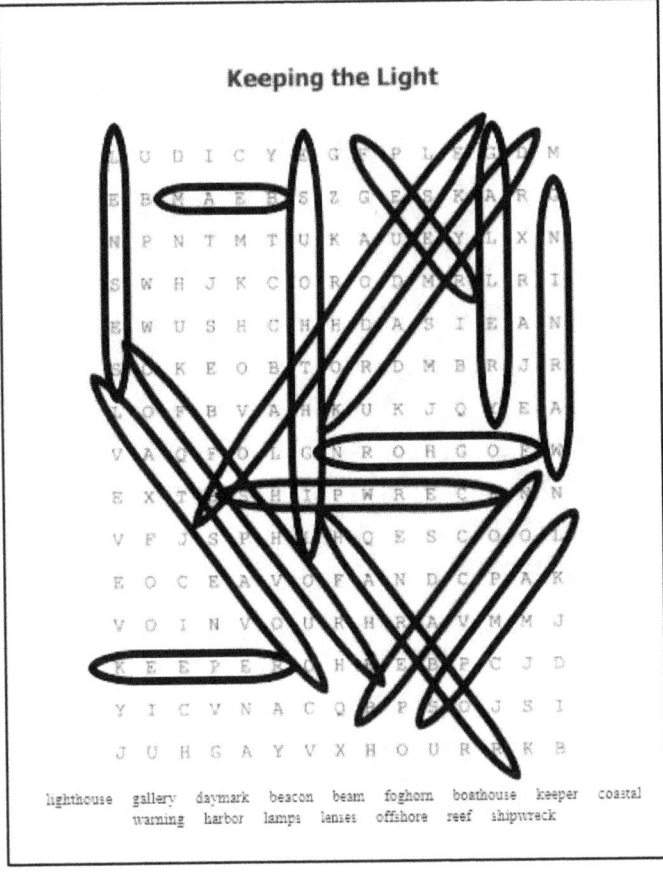

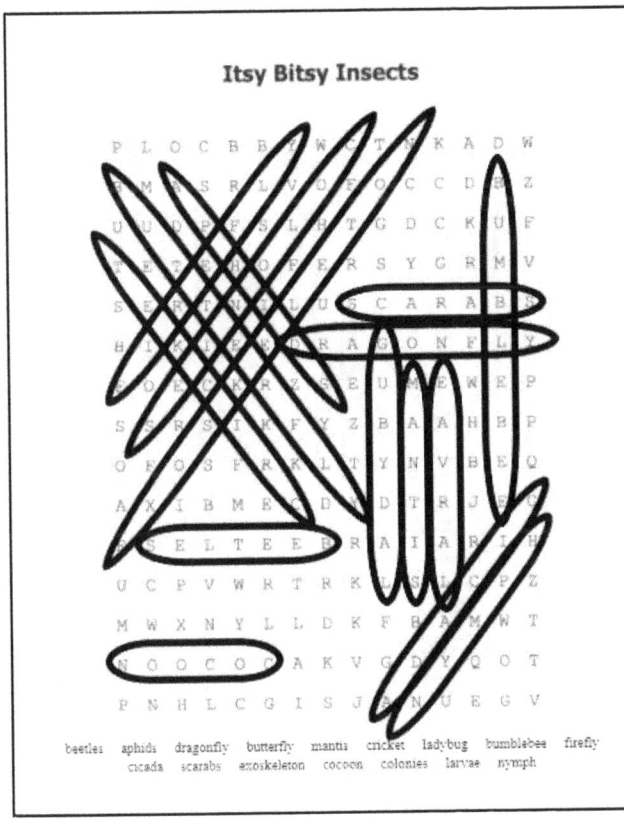

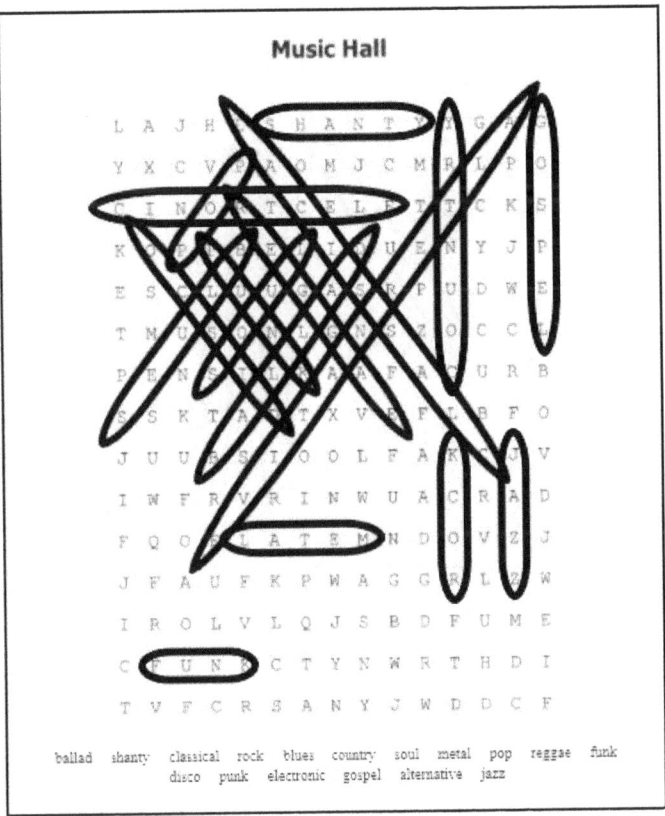

Answer Key

LEVEL 2

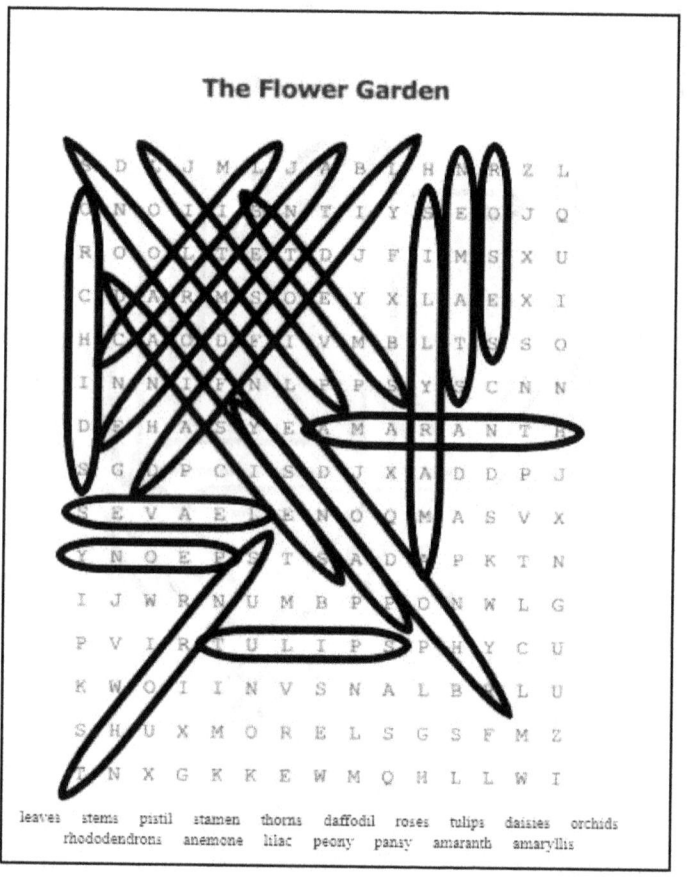

The Flower Garden

leaves stems pistil stamen thorns daffodil roses tulips daisies orchids rhododendrons anemone lilac peony pansy amaranth amaryllis

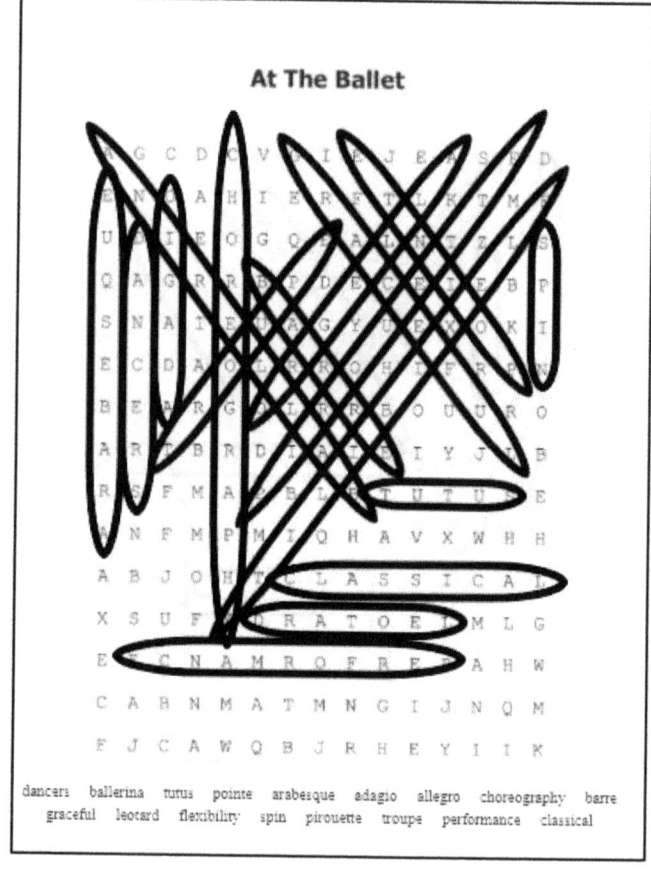

At The Ballet

dancers ballerina tutus pointe arabesque adagio allegro choreography barre graceful leotard flexibility spin pirouette troupe performance classical

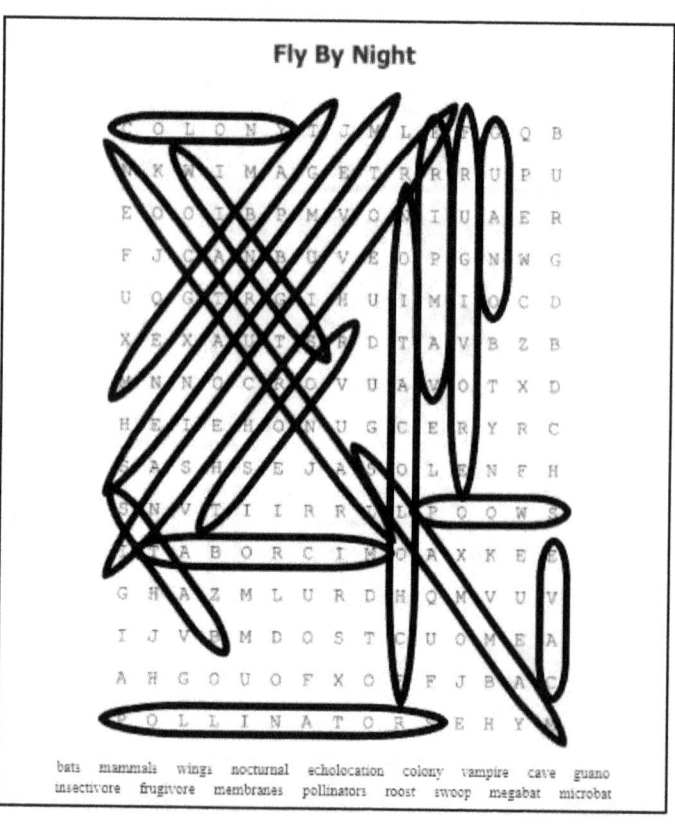

Fly By Night

bats mammals wings nocturnal echolocation colony vampire cave guano insectivore frugivore membranes pollinators roost swoop megabat microbat

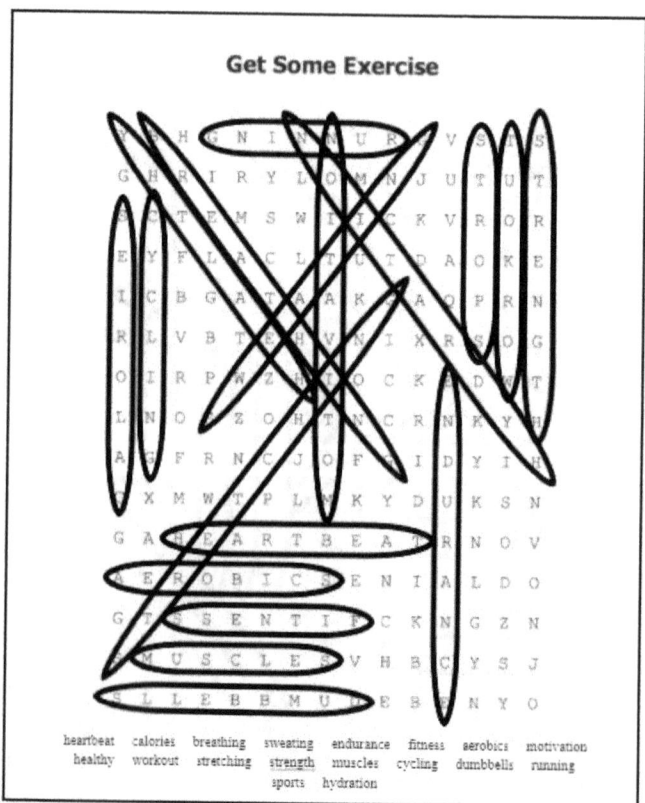

Get Some Exercise

heartbeat calories breathing sweating endurance fitness aerobics motivation healthy workout stretching strength muscles cycling dumbbells running sports hydration

Answer Key

97

LEVEL 2

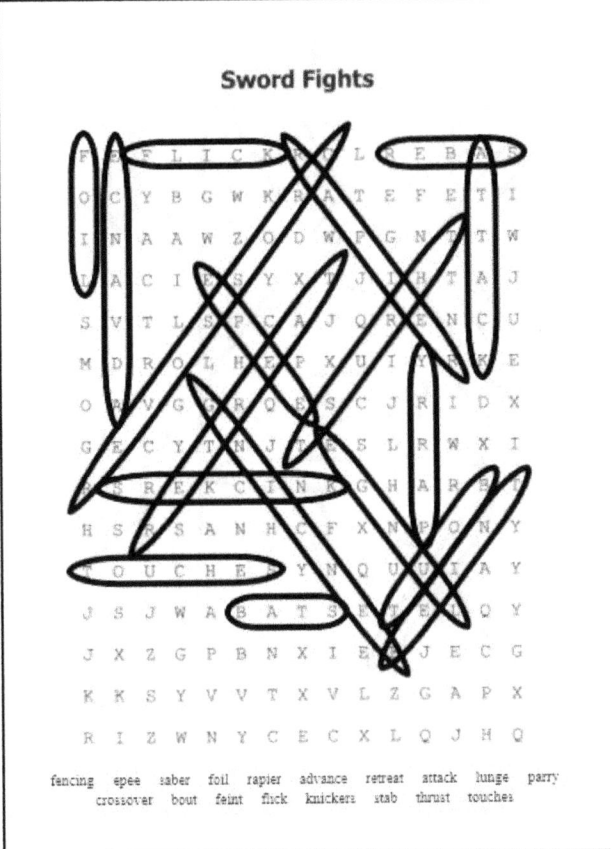
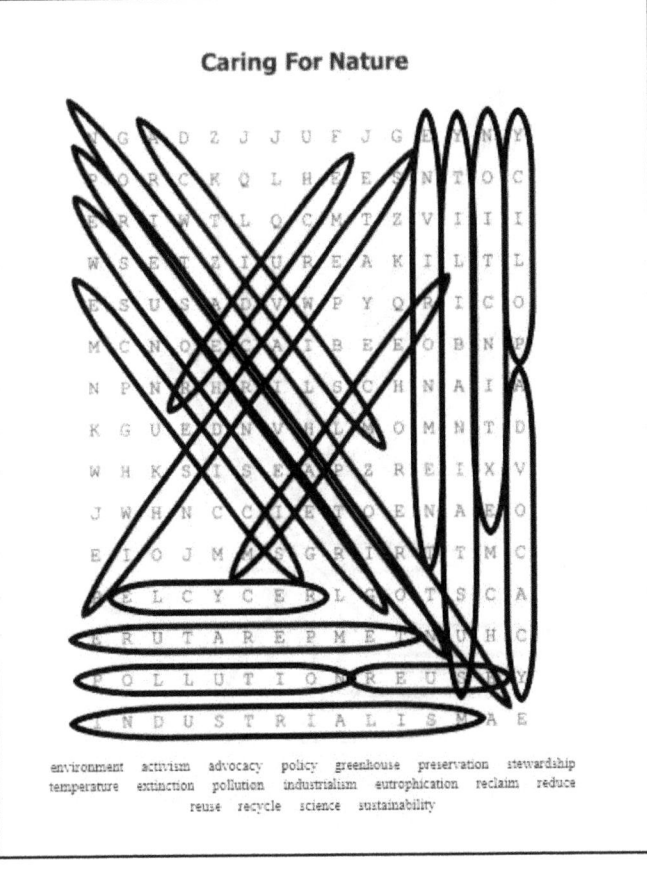
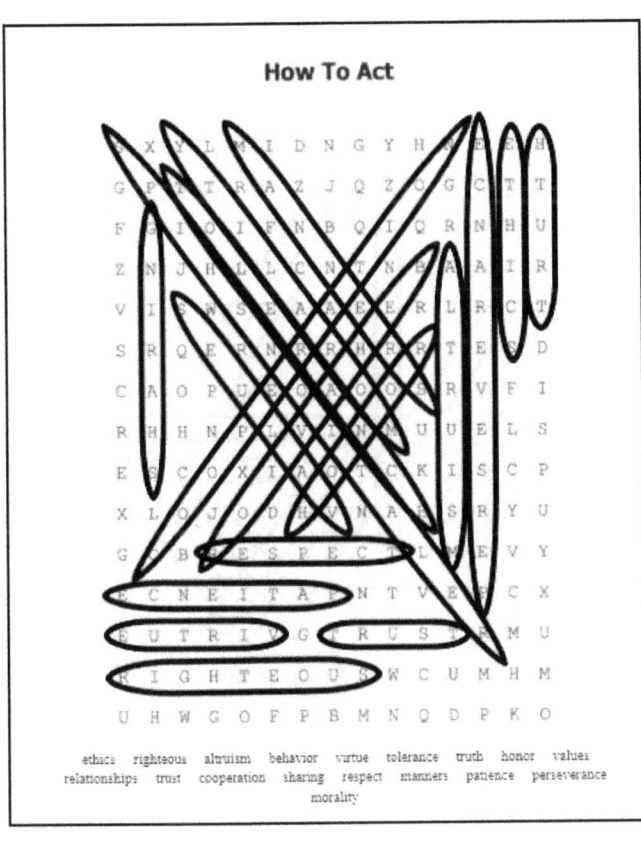
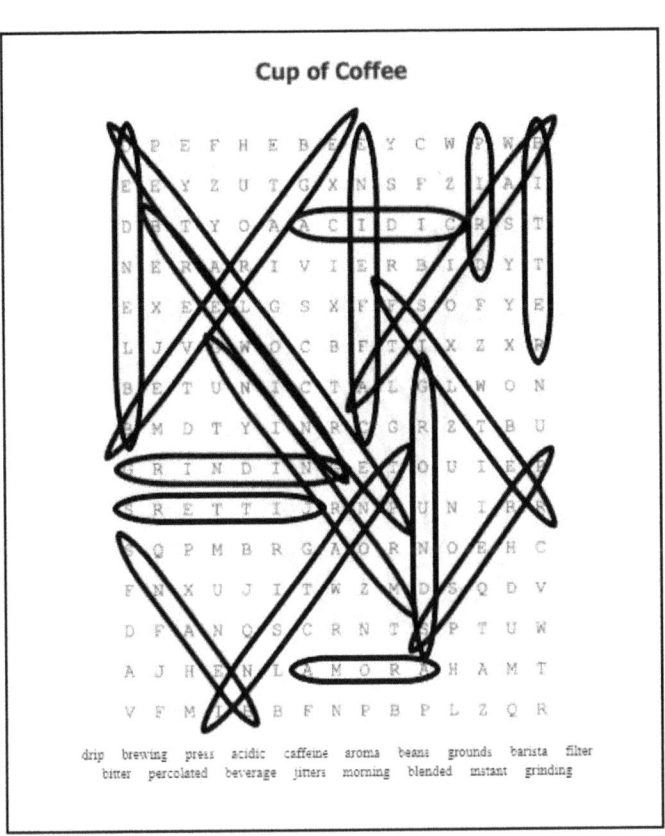

Answer Key

LEVEL 2

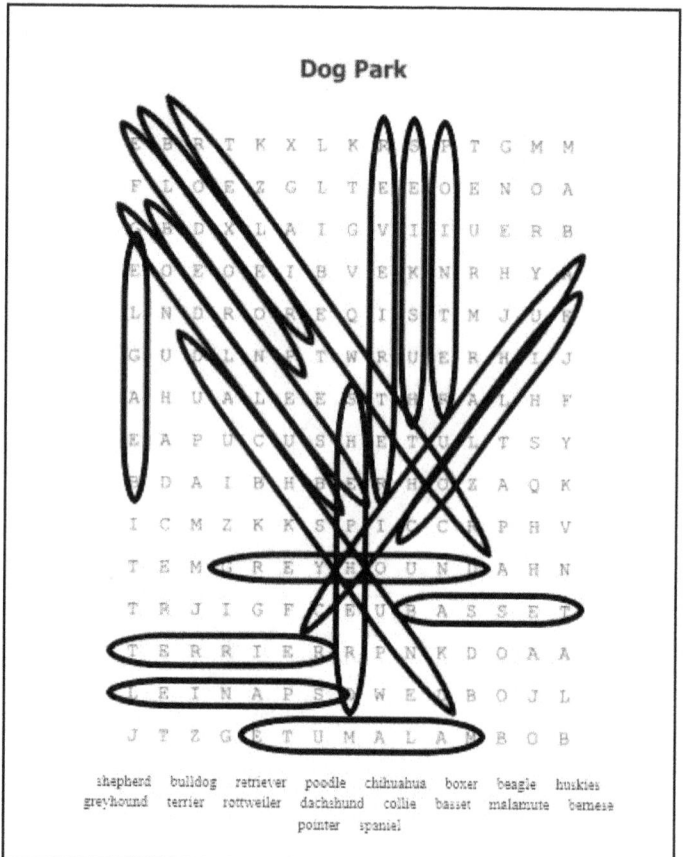

Dog Park

shepherd bulldog retriever poodle chihuahua boxer beagle huskies greyhound terrier rottweiler dachshund collie basset malamute bernese pointer spaniel

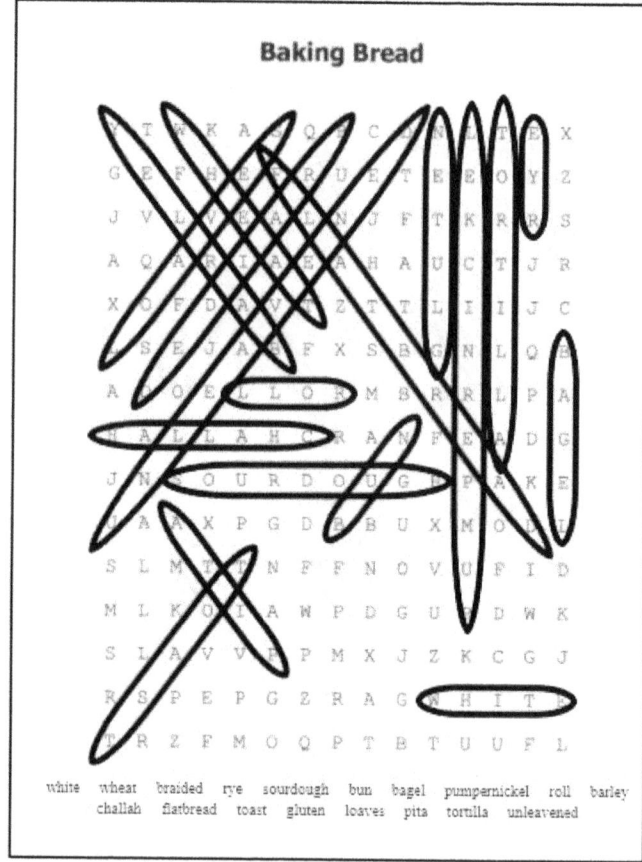

Baking Bread

white wheat braided rye sourdough bun bagel pumpernickel roll barley challah flatbread toast gluten loaves pita tortilla unleavened

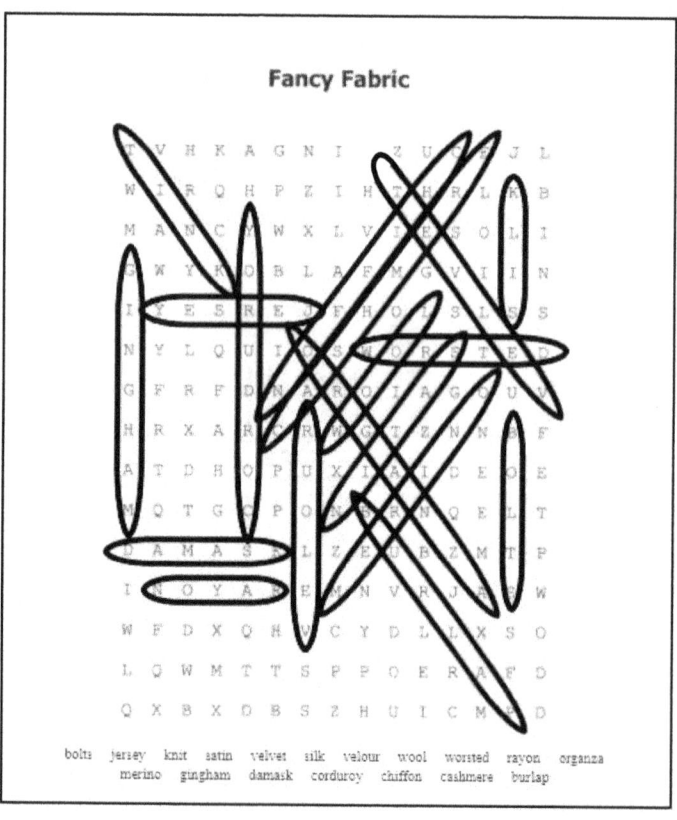

Fancy Fabric

bolts jersey knit satin velvet silk velour wool worsted rayon organza merino gingham damask corduroy chiffon cashmere burlap

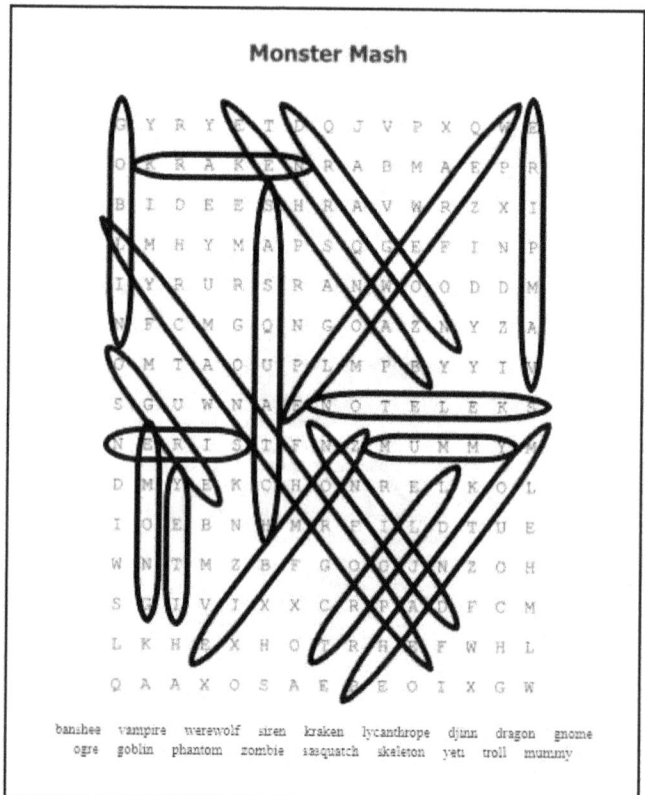

Monster Mash

banshee vampire werewolf siren kraken lycanthrope djinn dragon gnome ogre goblin phantom zombie sasquatch skeleton yeti troll mummy

Answer Key

99

LEVEL 3

Literary Notions

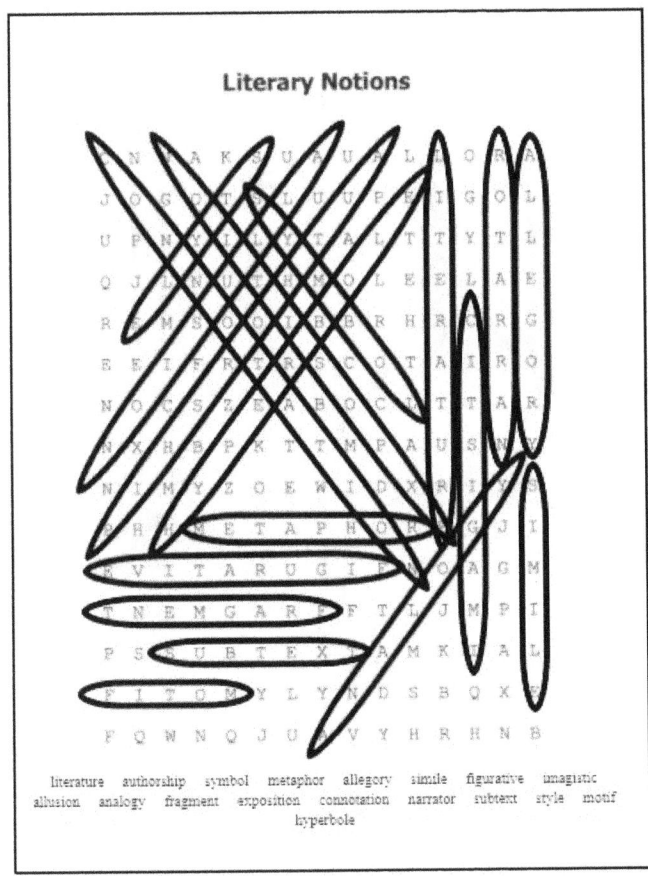

literature authorship symbol metaphor allegory simile figurative imagistic allusion analogy fragment exposition connotation narrator subtext style motif hyperbole

In The Mines

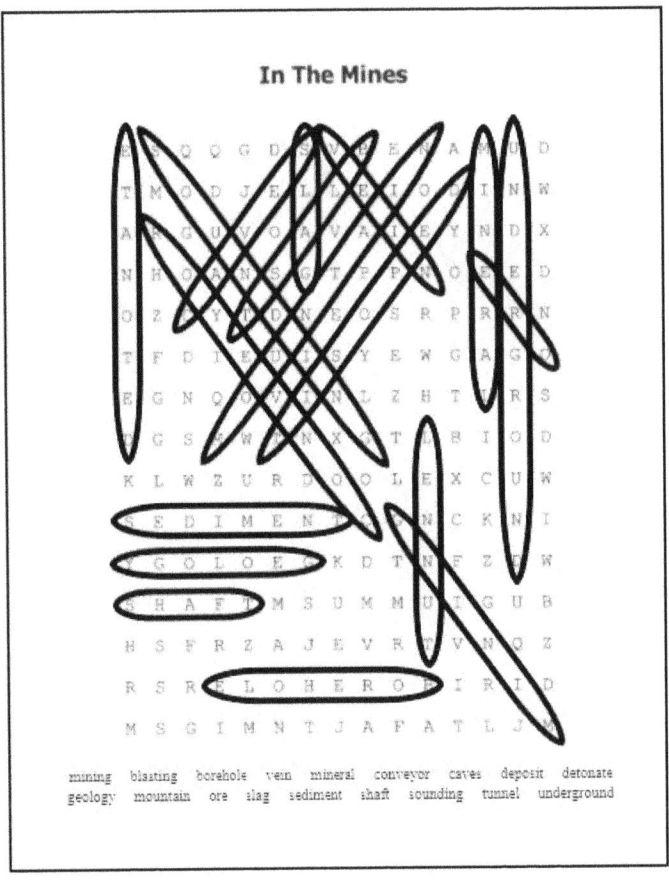

mining blasting borehole vein mineral conveyor caves deposit detonate geology mountain ore slag sediment shaft sounding tunnel underground

Making Money

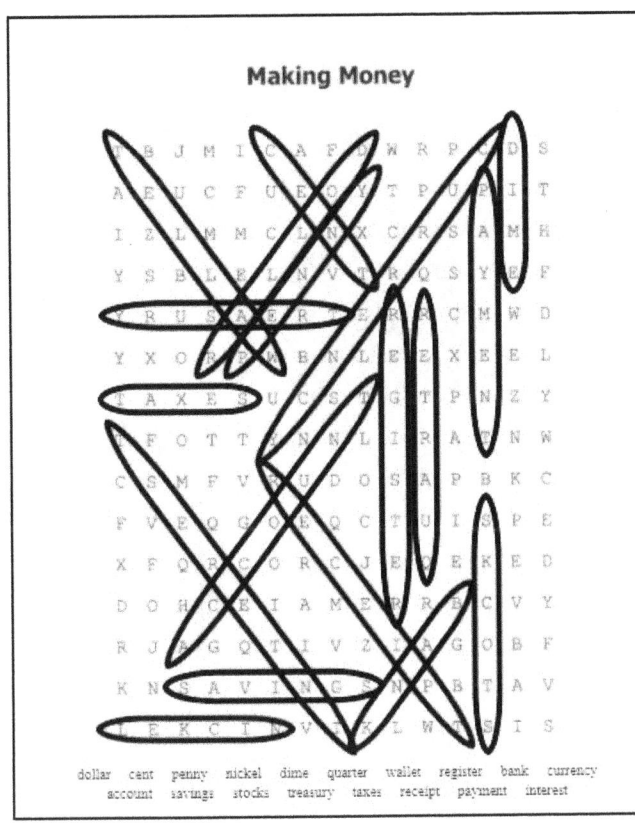

dollar cent penny nickel dime quarter wallet register bank currency account savings stocks treasury taxes receipt payment interest

At A Dig

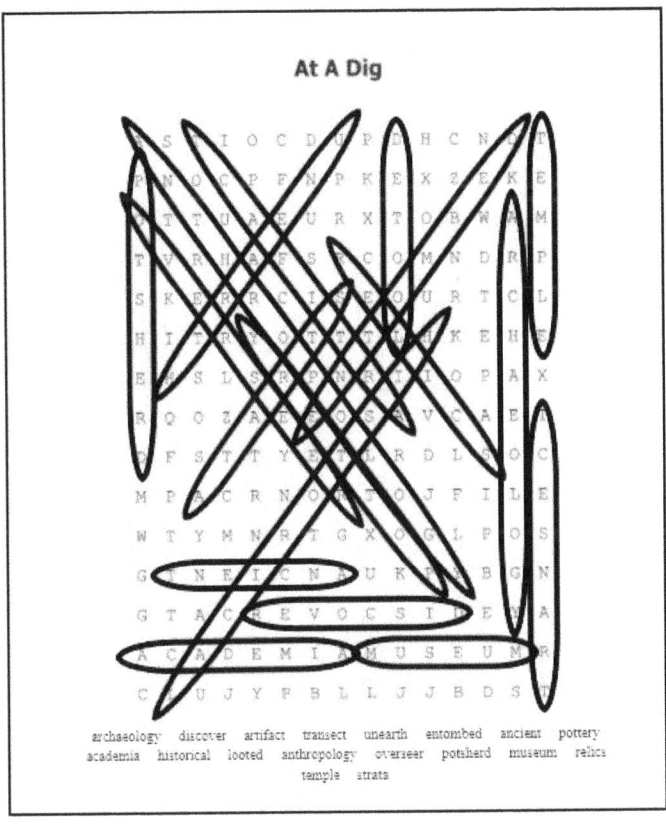

archaeology discover artifact transect unearth entombed ancient pottery academia historical looted anthropology overseer potsherd museum relics temple strata

Answer Key

LEVEL 3

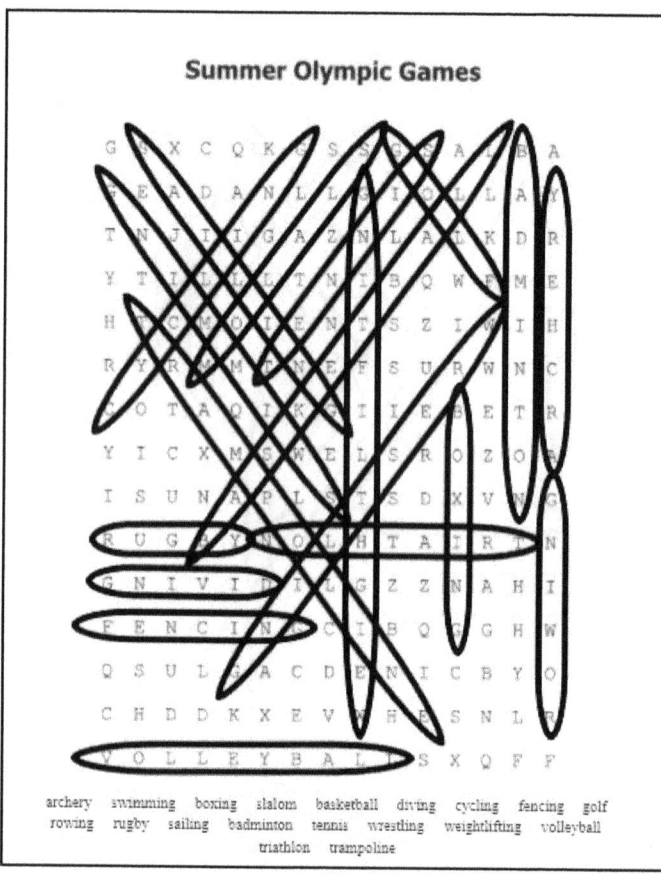

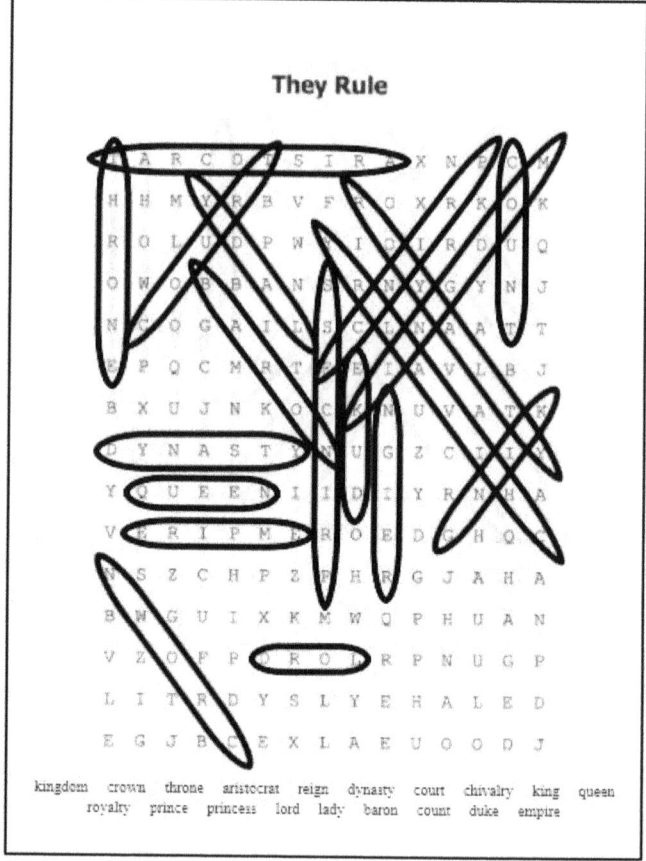

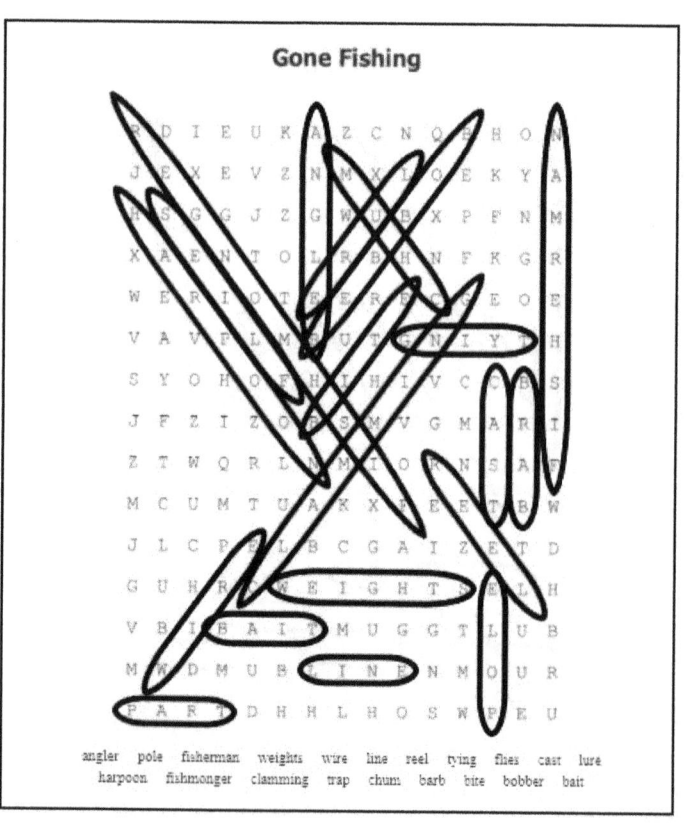

Answer Key

101

LEVEL 3

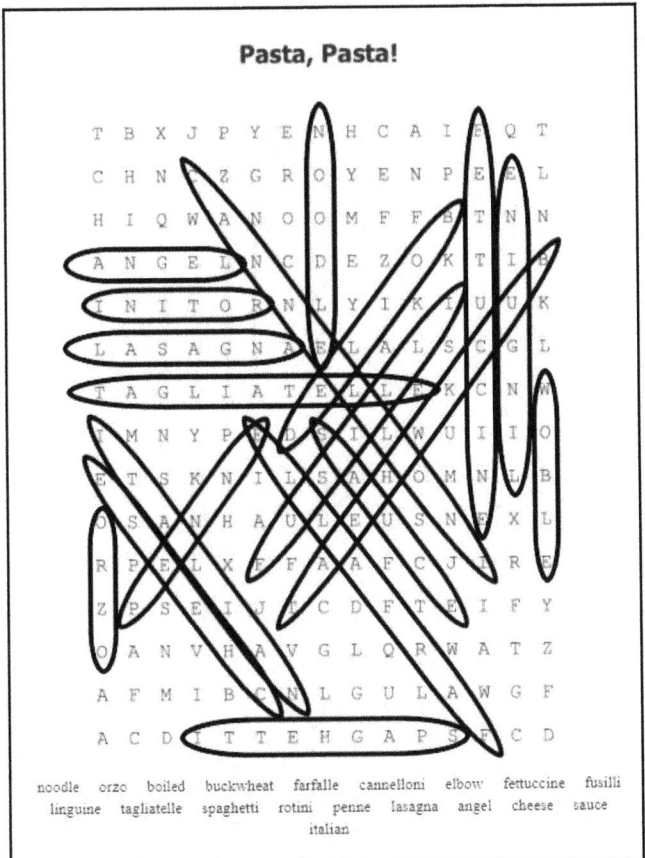

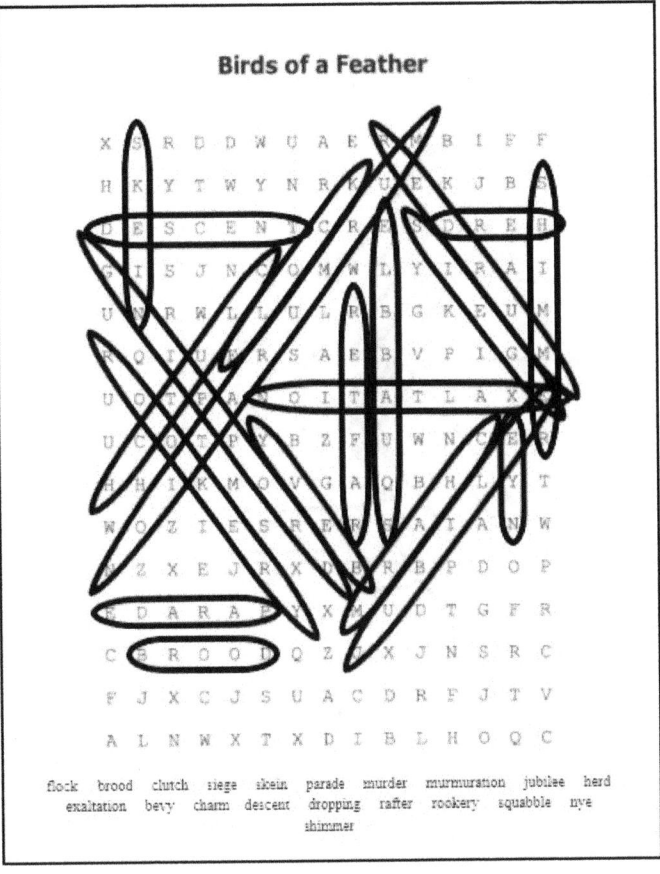

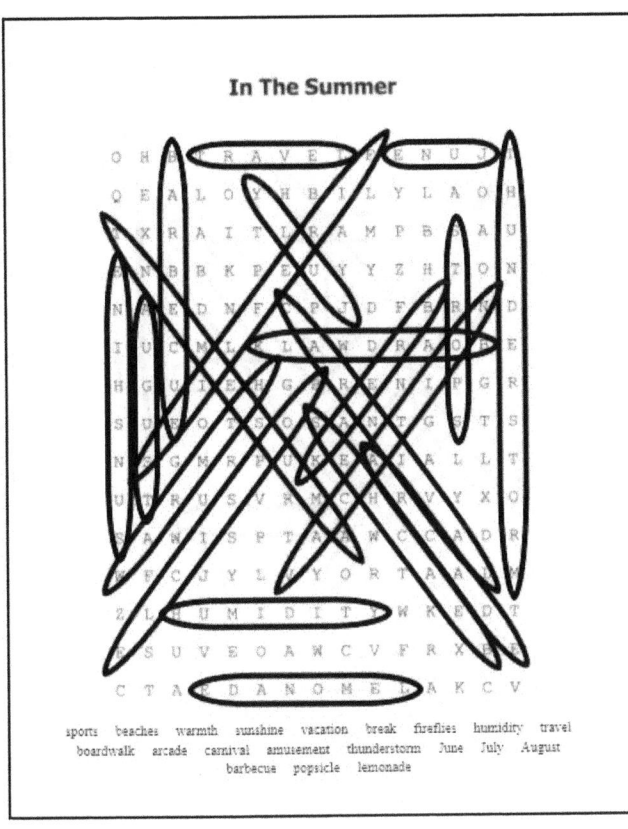

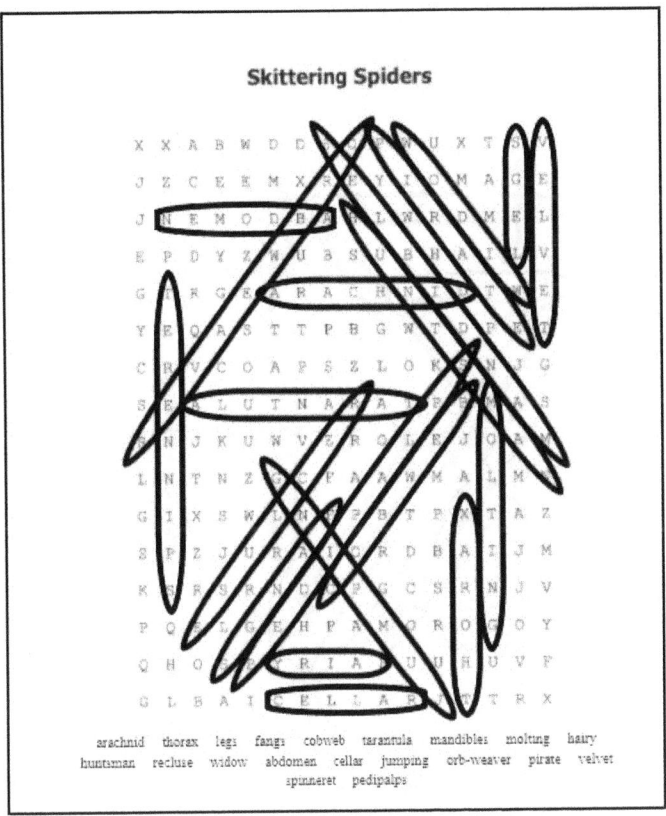

Answer Key

LEVEL 3

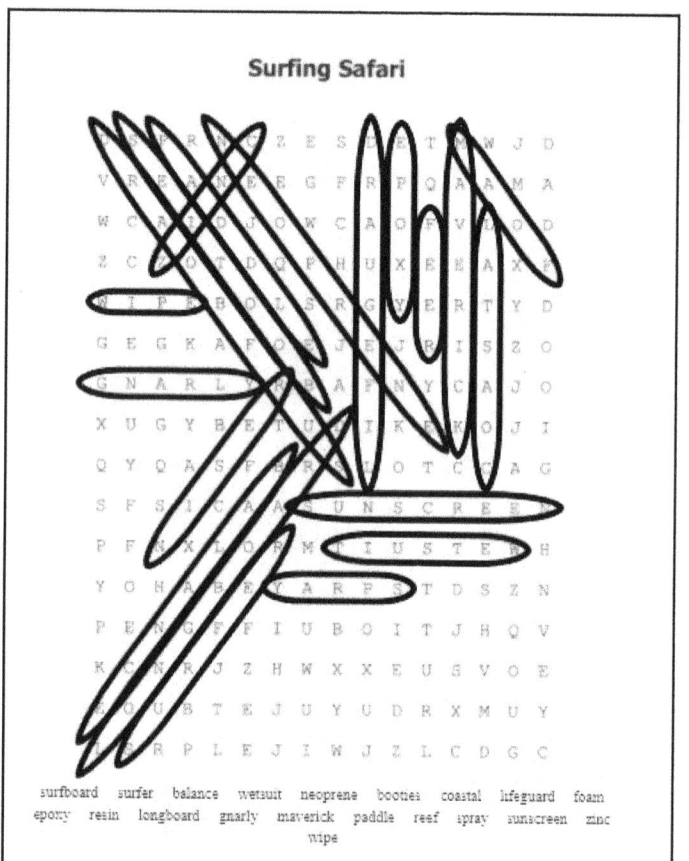

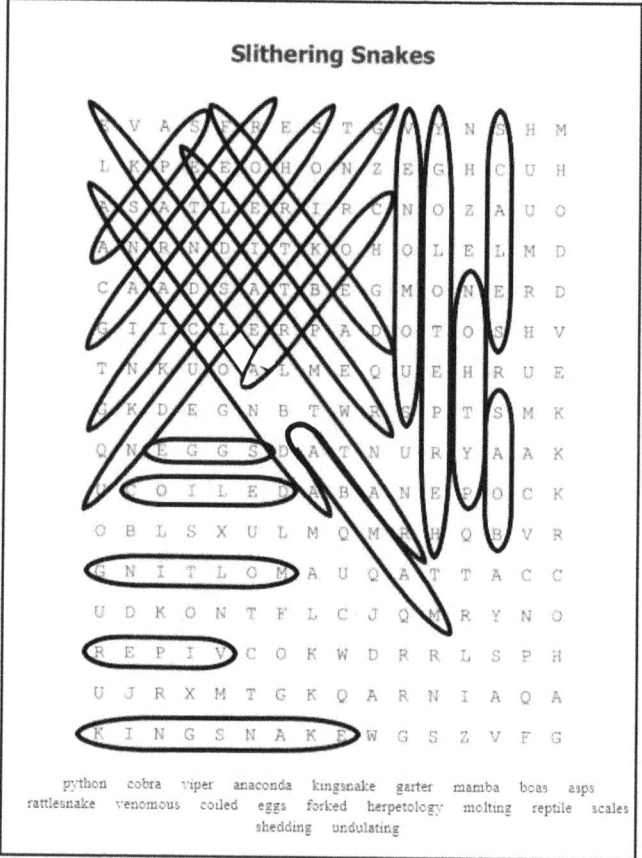

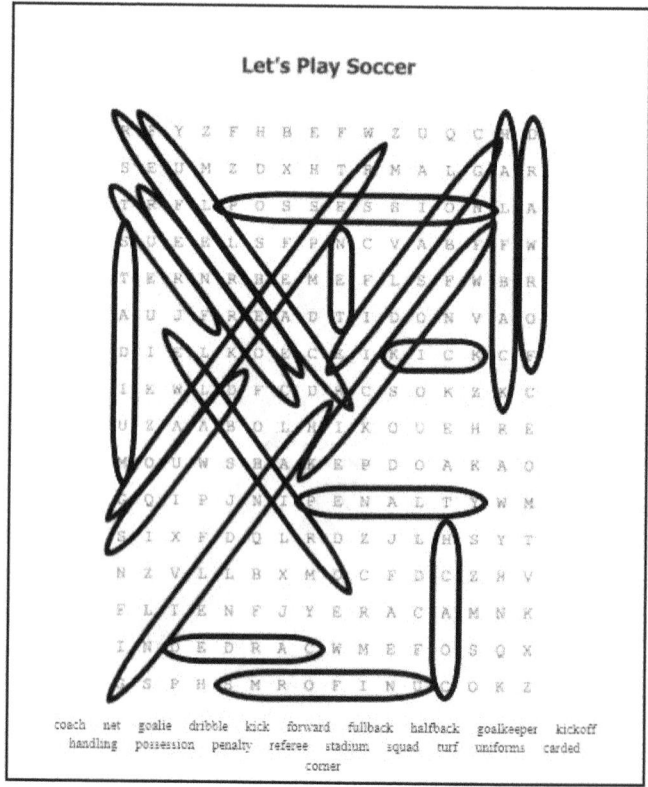

Answer Key

LEVEL 3

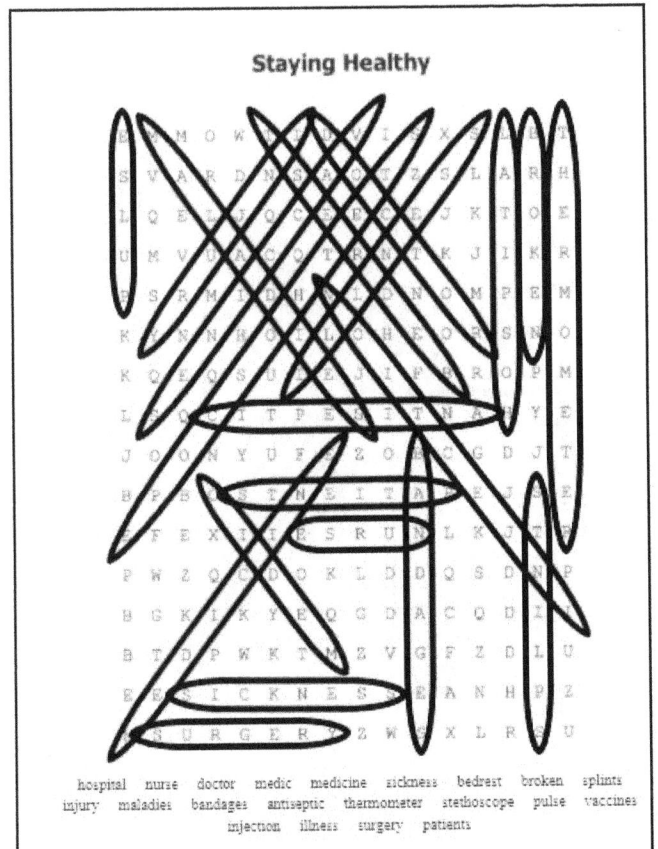

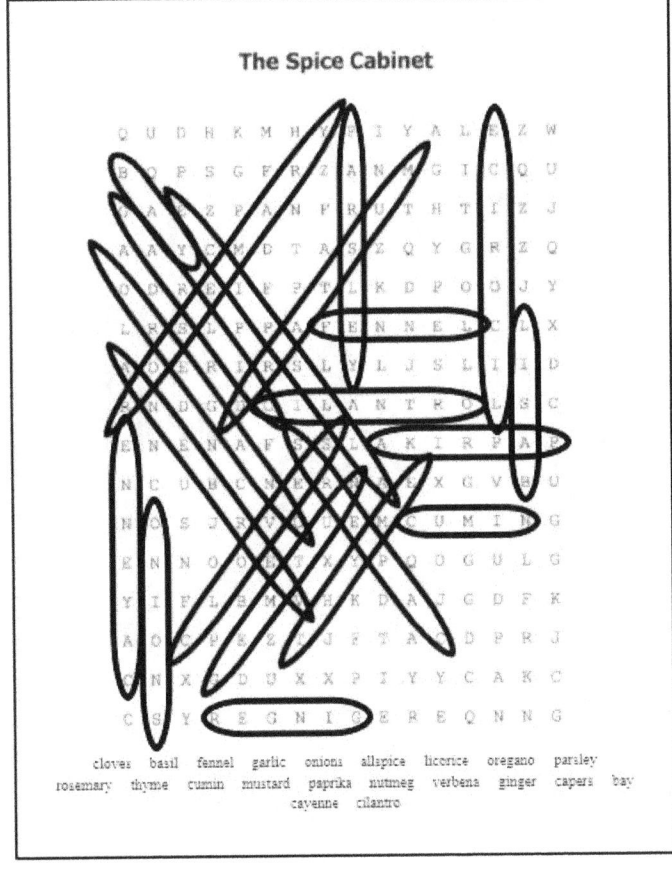

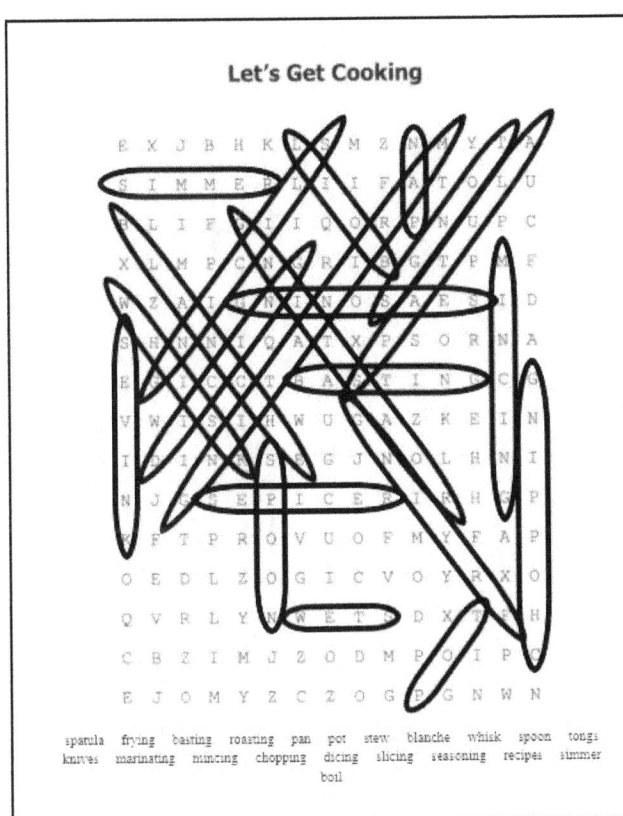

Answer Key

LEVEL 3

New Years

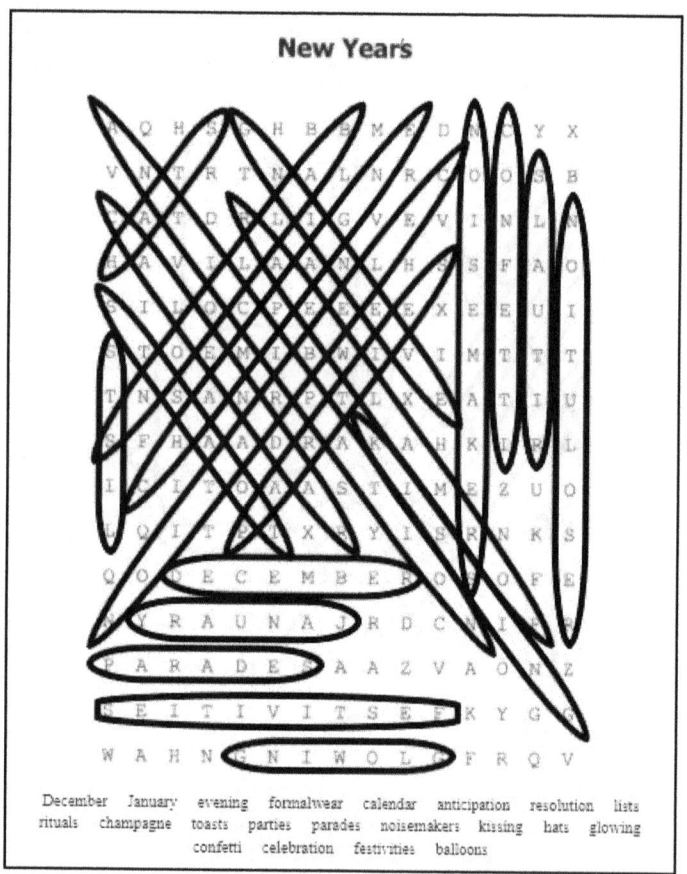

December   January   evening   formalwear   calendar   anticipation   resolution   lists
rituals   champagne   toasts   parties   parades   noisemakers   kissing   hats   glowing
confetti   celebration   festivities   balloons

Let's Go Climbing

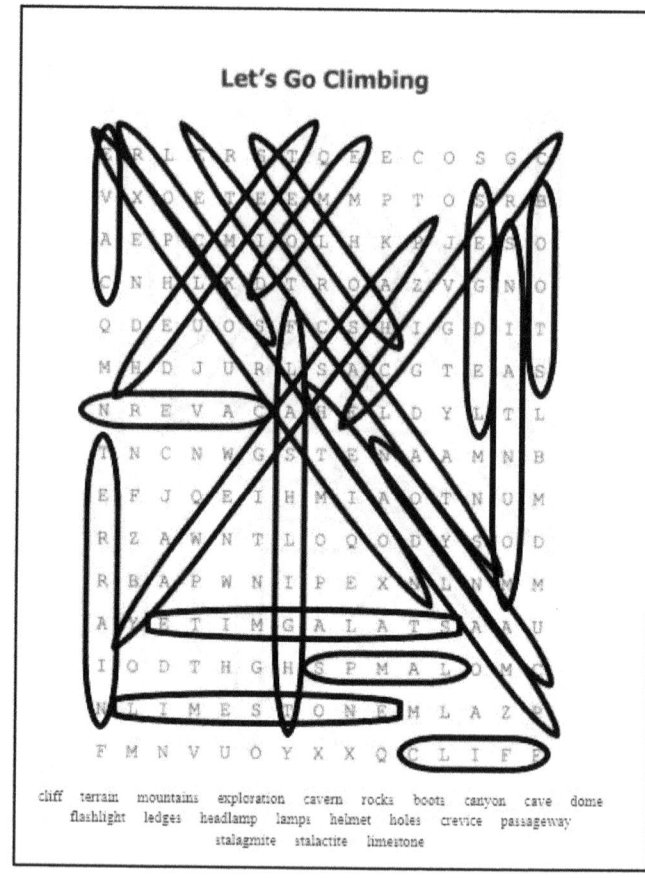

cliff   terrain   mountains   exploration   cavern   rocks   boots   canyon   cave   dome
flashlight   ledges   headlamp   lamps   helmet   holes   crevice   passageway
stalagmite   stalactite   limestone

Old Owls

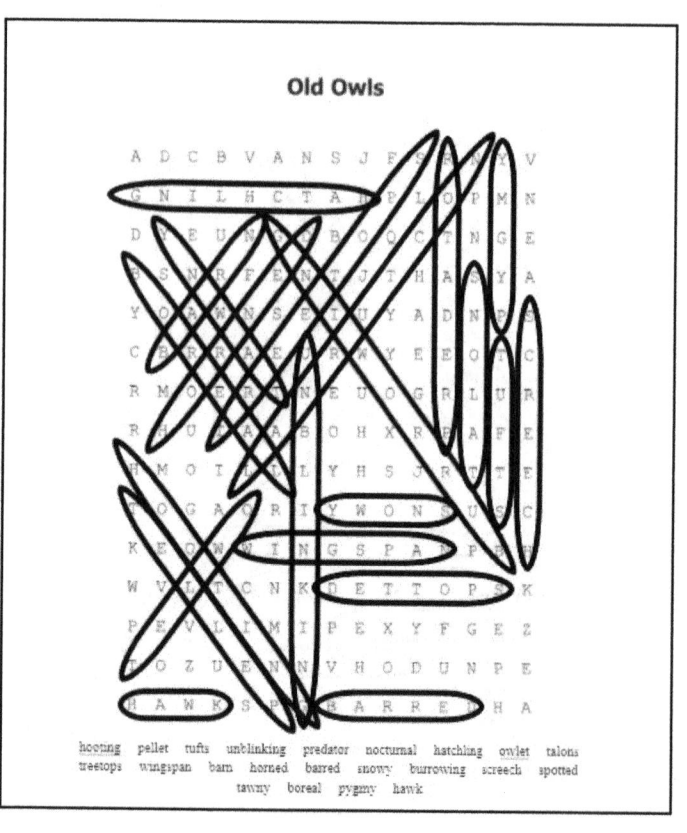

hooting   pellet   tufts   unblinking   predator   nocturnal   hatchling   owlet   talons
treetops   wingspan   barn   horned   barred   snowy   burrowing   screech   spotted
tawny   boreal   pygmy   hawk

Let's Learn Geometry

angle   line   point   plane   acute   obtuse   circle   triangle   square   rectangle
rhombus   trapezoid   polygon   pyramid   cylinder   radius   circumference   area
hypotenuse   bisect   formula   perpendicular

Answer Key

105

LEVEL 3

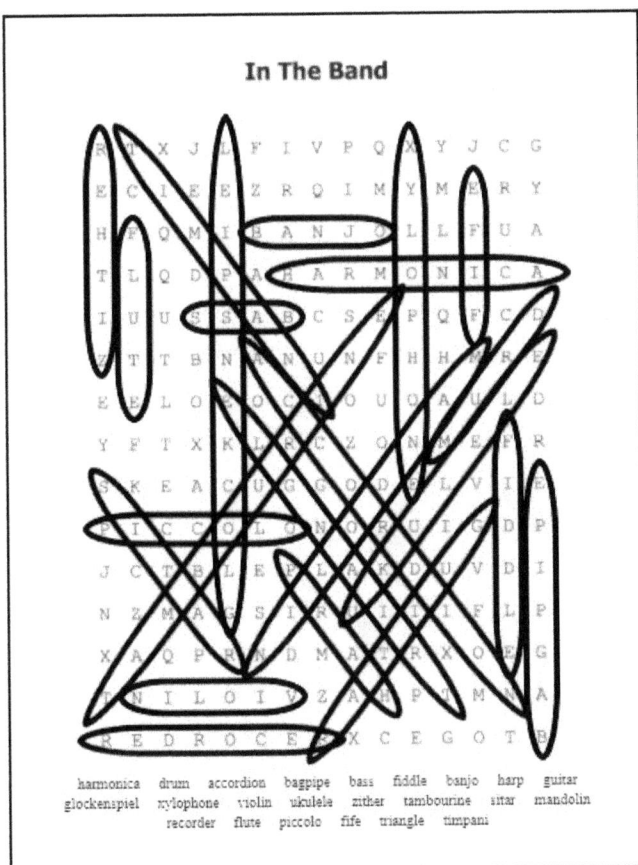

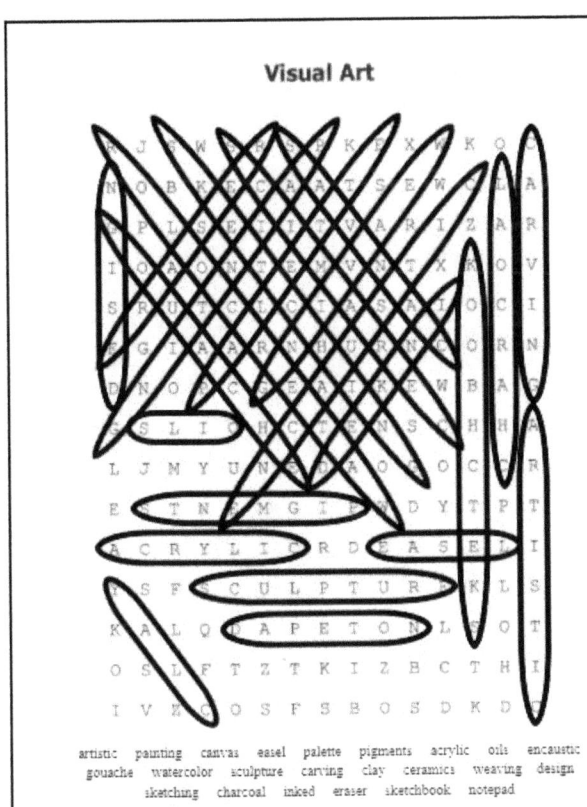

CPSIA information can be obtained
at www.ICGtesting.com
Printed in the USA
BVHW090503130421
604735BV00012B/1192